BOB GOFF

A TODOS, SIEMPRE

AMAR en un MUNDO LLENO *de*

CONTRATIEMPOS *y* GENTE DIFÍCIL

He pasado toda mi vida tratando de hacer que mi fe sea fácil, pero la verdad es que no lo es. Según lo que he estado leyendo, si lo hacemos bien, matará todas las versiones anteriores de nosotros. Lo que trato de hacer ahora es que mi fe sea sencilla.

Este libro está dedicado a todos los que han ayudado a mis amigos y a mí a hacer que la fe sea cada vez más sencilla. Estas personas no han tratado de ahorrar el amor como si lo fueran a necesitar después; ellos saben que somos ríos, no estanques. También es una nota de gratitud extendida para todo aquel que alguna vez haya hecho algo bueno por mi amada María, por alguno de mis hijos, o por alguien que ellos aman. Cuando lo has hecho por ellos, lo has hecho por mí. Sé que Dios siente lo mismo.

CONTENIDO

PRÓLOGO

Hace algunos años escribí un libro titulado *El amor hace*. Tomamos todo el dinero que recibimos por el libro y abrimos escuelas, casas de refugio, hogares para niños abandonados y orfanatos en Somalia, Uganda, Irak, Nepal, y otros países donde los conflictos regionales han puesto en peligro la vida de los niños que viven allí. Fue mi primera oportunidad de escribir un libro, e intenté relatar historias de algunas cosas que he aprendido sobre el inmenso poder que el amor ejerce en el mundo. Se suponía que habría un segundo libro, pero nunca se publicó. Este es mi tercer libro. Déjame explicarte por qué.

Algunos años atrás, un amigo mío renunció a la mega iglesia que pastoreaba en el sur de California y se mudó al centro de la ciudad de San Francisco. Él quería construir una comunidad entre personas que habían experimentado terribles fracasos y adversidades. Él es un hombre humilde, generoso con su tiempo, ama a su familia, y en verdad ama a Dios. En lugar de pasar solo unos minutos cada semana con los miles de personas en la iglesia que pastoreó por años, decidió adentrase en una relación más profunda con un pequeño grupo que había enfrentado duros quebrantos. Él y unos amigos abrieron un restaurante cuyo personal eran hombres que necesitaban un nuevo comienzo y un hogar para mujeres que han confrontado con valentía y esperanza algunos de los retos más grandes de la vida.

Estas personas asombrosas pasan su tiempo libre amando a la gente en los proyectos de viviendas cerca del restaurante. Reparten amor como si estuvieran hechos de él. Al igual que mi amigo, hacen esto porque han desarrollado ideas completamente irrealistas sobre lo que la fe puede hacer en el mundo cuando se expresa con amor. Ellos decidieron pasar más tiempo amando a las personas que intentando sacarle provecho al sistema al solo estar de acuerdo con Jesús. En otras palabras, ellos quisieron seguir el ejemplo de Jesús; en vez de decirles a las personas lo que Jesús quiso decir, ellos simplemente las amaron como Jesús lo hizo.

Los proyectos de viviendas se realizan en lugares difíciles. Son lugares oscuros y aterradores y llenos de personas bellas pero atemorizantes. Están llenos de armas y violencia, de peleas y robos. También están llenos de amor, compasión, generosidad y esperanza.

Estos hombres y mujeres valientes del restaurante buscan personas que se han sentido olvidadas y abandonadas. Persiguen a los malhechores, a los desventajados y a los desanimados; y los aman al estilo de Jesús, con gracia sin reservas.

En uno de los viajes para ver a mi amigo en San Francisco, llevé a un grupo de personas que trabajan conmigo. Volamos hasta allí, rentamos una furgoneta, y nos dirigimos al restaurante para ver en qué podíamos ayudar. Habíamos estado dentro del restaurante fregando platos alrededor de treinta minutos cuando salí para tomar algo de la furgoneta. Me quedé boquiabierto con lo que encontré. Todas las ventanas estaban destrozadas, los trozos de vidrio esparcidos por los asientos y el suelo. Los ladrones del vecindario habían hecho eso. Todo nuestro equipaje había desaparecido. Oh, y nuestras billeteras, teléfonos celulares y computadoras portátiles también.

Recién había terminado de escribir el primer borrador de este libro, y estaba en mi computadora ahora robada. Escucha esto: el manuscrito no tenía una copia de seguridad. (¿Quién necesita iCloud? ¡Cuesta noventa y nueve centavos al mes!). Un pequeño descuido de mi parte. Tenía que volver a escribir el libro. La buena noticia era que había estado pensando en esta idea del libro por mucho tiempo. Unos años antes, estuve con algunos amigos queridos en una iglesia grande en Chicago y compartí un sermón donde expresé que necesitamos amar a todos, siempre. Para mí tenía sentido, así que decidí escribir un libro sobre eso.

Es difícil creer que Jesús ama a los ladrones de la furgoneta y a todas las personas difíciles que hemos conocido, de la misma manera en que te ama a ti y a mí. Sin embargo, el increíble mensaje que el Amor trajo a esta tierra es que todos nosotros somos lo primero en la mente de Dios. Mientras aún tratamos de abrazar esta idea, Dios no quiere que simplemente lo estudiemos como si fuera un proyecto académico. Él quiere que nos convirtamos en amor.

He escuchado que es difícil escribir un buen segundo libro y que por lo general son un fracaso. Los ladrones probablemente nos hicieron un favor a todos, así que llamaré a este mi tercer libro. Me consuela saber que todos somos borradores grotescos de las personas en las que aún nos estamos convirtiendo. Espero que esta segunda versión del libro mueva la brújula en una dirección que reafirme el poder del amor sin reservas y la gracia excesiva en tu vida y en el mundo.

CAPÍTULO 1

Personas que nos atemorizan

No necesitamos ser quienes solíamos ser;
Dios ve en quién nos estamos convirtiendo:
y nos estamos convirtiendo en amor.

Mis amigos y yo terminamos lo que estábamos haciendo en el restaurante y llevamos la furgoneta sin ventanas de regreso al aeropuerto. Estacionamos en el lote de renta y lucíamos un poco azotados por el viento. El encargado nos miró fijo con una expresión de desconcierto. «Estaba así cuando la recibimos», le dije campantemente. Al irme, le lancé las llaves. Me sentí como el hombre en las películas cuando lanza un fósforo tras sus espaldas y el auto explota detrás de él. Un consejo profesional: si lanzas el fósforo, asegúrate de no voltearte a mirar cuando explota, eso arruinaría el momento.

Era desalentador que nos hubieran robado todo, pero creía que todo saldría bien. No pensé en lo difícil que sería abordar un avión de regreso a casa sin identificación. Llegué al frente de la fila para pasar por seguridad, y el hombre con el distintivo me pidió mi boleto e identificación. Revisé mis bolsillos y los volteé al revés. No había nada. Encogí mis hombros de manera patética y exclamé: «Señor, me lo robaron todo. Mi equipaje, mi billetera, todo». Me sentía como un completo forastero en este mundo.

1

El hombre de seguridad no era muy simpático. Podía entenderlo. Solo estaba haciendo su trabajo. Me preguntó si existía alguna forma en que pudiera probar quién yo era. Negué con la cabeza, y entonces de repente recordé que hacía un tiempo había escrito un libro. Lo buscamos en Internet, pero olvidé que la portada solo tenía globos. (Escribí una nota en mi mente de que en este libro pondría una gran foto mía en la portada en caso de que me sucediera lo mismo otra vez, pero renuncié a la idea cuando vi cómo lucía mi cara en la portada de un libro).

Todo esto hizo que surgiera una pregunta en la que he estado pensando mucho últimamente. *¿Cómo demostramos quiénes somos?* No me refiero a lo que la licencia de conducción dice que somos o a lo que nuestras carreras sugieren de nosotros, o quiénes les decimos a otros que somos, o quiénes nos dicen ellos que somos. Jesús habló mucho con Sus amigos sobre cómo debemos identificarnos. Él declaró que no sería lo que afirmábamos que creíamos o todas las cosas buenas que esperábamos hacer un día. No, Él dijo que nos identificaríamos simplemente por cómo amábamos a las personas. Es tentador pensar que hay algo más que esto, pero no lo hay. El amor no es algo que nos ocurre, el amor es en quien nos convertimos.

Es fácil amar a las personas amables, amorosas y humildes. Quiero decir, ¿quién no las amaría? Estas son las personas a quienes he amado durante gran parte de mi vida. Amar a las personas fáciles de amar me hizo sentir como si yo fuera bueno en eso. Debido a que las personas que amé eran amables y maravillosas, se aseguraron de decirme el estupendo trabajo que estaba haciendo al amarlas. Sin embargo, me he dado cuenta de que yo estaba evitando a las personas que no entendía y a aquellos que vivían diferente a mí. Aquí está el porqué: algunos de ellos me asustaban. Claro, yo era cortés con ellos, pero tristemente, he pasado toda mi vida evitando a las personas con las que Jesús se involucró toda Su vida. La idea de Dios no es que simplemente diéramos y recibiéramos amor, sino que pudiéramos *convertirnos en amor*. Las personas que se están convirtiendo en amor ven la belleza en otros aun cuando su comportamiento externo tiene el objetivo de crear una máscara bastante insólita. Lo que Jesús declaró a Sus amigos se puede resumir de esta forma: Él quiere que amemos a todos, siempre, y que comencemos por las personas que nos atemorizan. La verdad es que nosotros probablemente los atemorizamos a ellos tanto como ellos a nosotros.

¿Hay personas de las que deberíamos distanciarnos ampliamente? Tenlo por seguro. Hay personas en mi vida y en la tuya que son peligrosas, tóxicas y que se deleitan en sembrar discordia donde quiera que van. Dios nos ha dado discernimiento, y debemos usarlo para vivir nuestra vida. También nos ha dado amor, comprensión, bondad y la capacidad de perdonar, lo cual tiene un poder que a menudo no aprovechamos. Hay una diferencia entre el buen juicio y vivir juzgando. La clave está en hacer amplio uso de lo primero y poco de lo segundo.

Lo que estoy aprendiendo del amor es que tenemos que enfrentar una gran cantidad de temor para amar a las personas que son difíciles. A menudo, cuando encuentro a alguien que me hace sentir atemorizado, de inmediato pongo barreras. Las pongo con mis palabras difíciles y mis opiniones. Las construyo para protegerme. Las barreras me hacen sentir bien y seguro. Creo que esto es algo que todos hacemos en alguna medida, y no hay vergüenza en admitirlo. Excepto que no es lo que Jesús hizo. Él nos mostró lo que significa convertirse en amor cuando estuvo en Su última cena con el hombre que Él sabía lo traicionaría, y luego voluntariamente sufrió la muerte de un criminal.

Hacemos que el amar a las personas sea mucho más complicado de lo que Jesús lo hizo. Cada vez que trató de protegerme al comentarle a alguien una de mis opiniones, Dios me susurra y me pregunta sobre mi corazón. *¿Por qué tienes tanto miedo? ¿A quién tratas de impresionar?* ¿Soy en realidad tan inseguro que me rodeo solo de personas que están de acuerdo conmigo? Cuando las personas están equivocadas por completo, ¿por qué me coloco como juez para corregirlas? Destruir las opiniones de otros no nos hace estar en lo correcto. Nos hace destructivos.

El objetivo de Dios siempre ha sido el mismo. Él quiere que nuestros corazones sean suyos. Quiere que amemos a las personas que están cerca de nosotros y a aquellas de las que nos hemos mantenido distanciados. Para hacer esto, quiere que vivamos sin temor. No necesitamos usar nunca más nuestras opiniones para ocultar nuestras inseguridades. En lugar de eso, Dios quiere que el amor crezca en nuestros corazones y que luego lo cultivemos en cada parcela del mundo. Nos convertiremos en nuestra vida en lo que hacemos con nuestro amor. Aquellos que se están convirtiendo en amor no lanzan a las personas de los techos; sino que las bajan a través de ellos.

En la secundaria, alguien me preguntó si «conocía a Jesús». Pensé que estaba bromeando. «Por supuesto que no», respondí literalmente. Y todavía no lo he hecho. No tengo ningún amigo que lo haya logrado. Por lo que he leído, muy pocas personas de este lado del cielo se han encontrado literalmente con Dios. Adán y Eva lo conocieron. José y María también. Moisés lo conoció en la cima de una montaña. Algunos pastores y pocos hombres sabios conforman la lista. Un grupo de pescadores, dos ladrones en una colina. Hubo muchos más, pero no tantos como imaginas.

En contraste, hubo muchas personas que vieron a Jesús desde la distancia. Él caminó por sus calles y fue a sus fiestas. Se presentó ante los líderes, y pocos incluso lo vieron colgado en una cruz. Supongo que ellos podían decir que lo conocieron, pero en el mejor de los casos, es probable que solo tuvieran una pequeña vislumbre de Él. Durante mucho tiempo vi a Jesús desde la distancia y pensaba que lo había conocido. Aún me sucede cada vez que evito a las personas que Dios creó a Su propia imagen solo porque no las entiendo. Mi temor hacia ellos me deja solo con pequeñas vislumbres de Jesús. Me he dado cuenta de que, si en verdad quiero «conocer a Jesús», entonces tengo que acercarme más a las personas que Él creó. A todas ellas, no solo a algunas.

Por supuesto, Dios podría haberlo hecho diferente, y que todos hubieran conocido literalmente a Jesús. Él podía haber aparecido en persona a través de la historia en todas las salas de maternidad o en las cabañas y campos donde los niños nacen. Podía haberse mostrado en los juegos de la Copa Mundial de Fútbol, en los conciertos de Taylor Swift, en los dramas de la escuela primaria y en el Desfile del Torneo de las Rosas. Al no hacer eso, no creo que nos esté evitando. Pienso que Su plan siempre ha sido que conozcamos a las personas que Él creó y que sintamos que así lo hemos conocido.

En este sentido, me he encontrado con Dios casi todos los días. Con certeza, Dios quiere que aprendamos de Él al leer las cartas y las historias recogidas en la Biblia, pero también quiere que lo conozcamos al amar a las personas que son difíciles de soportar. Si solo estoy dispuesto a amar a aquellos que son amables conmigo, que ven las cosas como yo, y evito al resto, es como leer una página y saltarme la otra en la Biblia y pensar que sé lo que dice.

Jesús les declaró a Sus amigos que, si querían ser como Él, tenían que amar a sus prójimos y a las personas difíciles. Esto suena tan familiar, que me siento tentado a simplemente estar de acuerdo con Jesús y seguir adelante, pero Jesús no quiere que solo estemos de acuerdo con Él. De hecho, no recuerdo ni un solo momento en que haya reunido a Sus amigos y les haya dicho: «Amigos, lo único que quiero es que estén de acuerdo conmigo». Él quiere que hagamos lo que dijo, y Su declaración fue que quiere que amemos a todos, siempre.

Jesús nos indicó que amáramos a nuestros enemigos. Yo pensaba que eso sería fácil de cumplir para mí porque no tengo ningún «enemigo» real. Quiero decir, no estoy enojado con Corea del Norte, ni con Rusia o China. Y no creo que ellos estén enojados conmigo. Después de todo, escribí un libro y puse globos en la portada. ¿Quién se enojaría con un hombre así? Creo que Jesús se refería a algo diferente cuando expresó «enemigos». Él quiso decir que debemos amar a las personas que no entendemos. Aquellos con los que no estamos de acuerdo. Aquellos que están equivocados por completo en varias cosas. Tengo suficientes personas así en mi vida, y apuesto a que tú también. De hecho, quizás yo sea una de esas personas en ocasiones.

Creo que Dios nos permite a todos perdernos una o dos veces. Él no nos pierde como yo perdí mi computadora cuando la camioneta fue asaltada, pero Él deja que nos perdamos por un tiempo si eso es lo que realmente queremos. Cuando lo hacemos, Él no se enoja ni retiene Su amor de la manera en que yo probablemente lo haría si alguien me ignorara o se alejara de mí. En cambio, Él nos persigue en amor. No está tratando de encontrarnos; Él siempre sabe dónde estamos. Sino que va *con* nosotros mientras nos encontramos a nosotros mismos una vez más. De esta manera, tenemos tanto una pequeña oveja como un pastor en nosotros también. Dios no nos dice constantemente qué hacer mientras nos buscamos a nosotros mismos. Él, con gentileza, nos recuerda quiénes somos. Continúa reescribiendo nuestra vida, así como yo reescribí mi libro, de manera preciosa e inesperada, sabiendo que la próxima versión de nosotros será mejor que la anterior.

Como abogado, gano disputas como medio de vida, pero algo ha cambiado dentro de mí. Quiero ser Jesús. He concluido que podemos estar en lo correcto y no estar bien. ¿A qué me refiero? Hago esto la mayor parte del tiempo cuando tengo las palabras correctas, pero el corazón equivocado. Tristemente, cuando hago que mis opiniones sean más importantes que las personas difíciles que Dios ha creado, vuelvo a convertir el vino en agua. Estoy tratando de resistir la carnada que las tinieblas me ofrecen cada día para cambiar la bondad por la justeza. Elije el tema social más controversial del momento, y encontrarás voces apasionadas de ambos lados. Lo triste es que muchos hemos perdido nuestro camino tratando de ayudar a las personas a encontrar el de ellos. Las disputas no cambian a las personas. Y solo repartir bondad tampoco. Solo Jesús tiene el poder de cambiar a las personas, y les va a ser más difícil ver a Jesús si su visión de Él está bloqueada por nuestras grandes opiniones.

Solía pensar que seríamos conocidos por las personas con las que nos relacionamos, los grupos o los asuntos sociales con los que nos identificamos, o la tradición de fe con la que estamos familiarizados. Ahora creo que, aunque quizás seamos conocidos por nuestras opiniones, seremos recordados por nuestro amor. Lo que he aprendido al seguir a Jesús es que solo encontramos en verdad nuestra identidad al relacionarnos con las personas que hemos estado evitando. Jesús resumió este concepto en tres ideas sencillas y aparentemente imposibles que debemos seguir: amarlo a Él, amar a nuestro prójimo y amar a nuestros enemigos.

Quiero amar a Dios más. Realmente quiero. ¿Quién no? Deseo amar a mi prójimo también. ¿Por qué no? Vivo al lado de algunos de ellos. En general, ellos son como yo. Pero ¿amar a mis enemigos?

Seguro, los puedo tolerar por un tiempo. Quizás hasta puedo ser amable con ellos por unos minutos. Pero *¿amarlos?* ¡Qué!

En los términos más sencillos, Jesús vino a la tierra y declaró que convertiría a los enemigos de Dios en Sus amigos. Él no lo hizo con palabras ni conferencias de veinte dólares o apuntando con el dedo acusador a las personas que habían cometido errores. Él nos convence con amor, y lo hace sin temor ni vergüenza. Él no alza Su voz y grita por encima del ruido en nuestra vida. Él deja que el poder del amor hable por Él. Tenemos la misma oportunidad en las vidas de otros cada día.

Amarnos es para lo que fuimos creados y la forma en que fuimos hechos para funcionar. No es donde comenzamos cuando empezamos a seguir a Jesús; es el bello sendero por el que transitamos el resto de nuestra vida. ¿Será confuso, ambiguo e incómodo cuando amemos a las personas de la manera en que Jesús nos pidió que las amáramos? Seguro que sí. ¿Seremos mal comprendidos? Siempre. Pero el amor sin reservas a menudo significa colorear por fuera de las líneas e ir más allá de las normas. Amar a los prójimos que no entendemos requiere trabajo, humildad, paciencia y sacrificio. Significa dejar la seguridad de nuestras relaciones cómodas e involucrarnos en algunas tremendamente complejas.

Encuentra una forma de amar más a las personas difíciles, y vivirás la vida de la que Jesús habló. Ve y busca a alguien que has estado evitando y exprésale amor sin reservas. Aprenderás más de Dios, de tu prójimo, de tus enemigos y de tu fe. Encuentra a alguien que crees que está equivocado, alguien con quien no estás de acuerdo, alguien que no es como tú en absoluto, y decide amar a esa persona de la forma en que quieres que Jesús te ame.

Necesitamos amar a todos, siempre.

Jesús nunca afirmó que hacer esto sería fácil. Solo dijo que funcionaría.

CAPÍTULO 2

Conocer a Carol

Dios no solo nos da promesas;
nos da los unos a los otros.

Poco después de que mi dulce esposa María y yo nos casamos, compramos nuestra primera casa. La obtuvimos producto de una venta por ejecución hipotecaria. Fue más mi idea que la de ella. Caminar por la casa después que la compramos fue la experiencia más cercana a la muerte que he tenido. María me miraba con las manos en los bolsillos y cabeceando con incredulidad mientras caminaba de habitación en habitación. Poco convincente y con un aire de sarcasmo inusual, miraba dentro de cada habitación desbaratada y decía: «Bonita» de vez en cuando mientras movía su cabeza en negación absoluta. Traducido, eso significaba: «Todavía estamos casados, pero solo por poco».

La casa estaba en condiciones pésimas. Estaba muy sucia, llena de ratones. En vez de mudarnos, vivimos en una autocaravana en la entrada mientras la hacíamos habitable. Después de despertar con un volante y un freno de estacionamiento en nuestra cama por un año, decidimos dar un paso de descenso en nuestro estilo de vida y mudarnos de la autocaravana para la casa. Había un calefactor, pero no funcionaba. Tenía un baño, pero tampoco funcionaba. La casa venía con veinte gatos salvajes que aparentemente les temían a los roedores, pero no a ensuciarlo todo. Con una rueca y suficiente medicamento para la alergia, yo podía haber hecho cientos de suéteres gruesos con todo el pelo de gato que recogimos.

El día que nos mudamos, cargué a mi dulce María y la llevé a través del umbral. Mientras lo hacía, ambos vimos algo moverse en la esquina de la sala, pero fingimos no ver nada. La casa no era mucho, pero era nuestra.

Arreglamos la casa y la cambiamos por otra y después por otra y luego por otra. Durante los primeros diez años de matrimonio nos mudamos seis veces. Era como estar en el programa de protección de testigos, pero sin haber hecho nada malo. Después de muchas mudanzas y remodelaciones, estábamos agotados. Un día después del trabajo, conduje hasta la casa equivocada y entré por la puerta principal. Fue más que extraño por unos minutos.

Poco después, estaba desayunando con un amigo y escuché a un hombre en la mesa siguiente decir que planeaba vender su casa. Seguí escuchando un poco más su conversación y descubrí que su casa estaba en la cumbre de un acantilado, justo en la cima de mi lugar de surfeo favorito en Point Loma llamado Garbage Beach [Playa Basura]. ¿Quién no querría una casa allí?

Me fui a la mesa del hombre y le dije que quería su casa. Vimos todos los detalles mientras comíamos panqueques. Me quedé corto con el negocio y tuve que vender nuestra porcelana para sellar el trato. *A mi dulce María le va a encantar,* pensaba mientras regresaba a casa del restaurante, después de cambiar la casa en la que había derramado su corazón por años por una casa en un lugar llamado Basura. Le tapé los ojos a mi dulce María y la llevé a nuestra nueva casa. Hice la gran revelación cuando llegamos allí. Le señalé para mi lugar de surfeo y luego para la casa un par de veces. Le pregunté si podía creer lo inteligente que era.

Ella comenzó a llorar en silencio y me comentó con una voz muy amable pero directa que cada matrimonio tiene uno de estos tipos de errores. Yo acababa de cometer el mío. Nos mudamos, y ella hizo lo mismo que hace en las vidas de las personas a su alrededor. Tomó la basura que llevé y la transformó en una vida y un hogar para nuestra joven familia. Nuestros hijos habían llegado con dos años de diferencia hasta ese momento. Hubo una brecha mucho mayor antes de que llegara nuestro último hijo.

Desafortunadamente, aquel no sería mi último error. Poco tiempo después, compramos otra casa, esta vez en una subasta de la corte testamentaria. La subasta se llevó a cabo en el palacio de justicia, y muchas personas vinieron a apostar por ella. Siempre he tenido problemas para quedarme quieto, y mientras estaba en la subasta me halaba la oreja, me rascaba la barbilla y me estrujaba la nariz. Cuando terminé de inquietarme, supongo que hicimos una oferta superior a todos, así que terminamos con la casa.

Unos años más tarde, María me dijo que quería mudarse de la casa en la que estábamos viviendo. Hubo una pausa larga e incómoda mientras reuní el coraje para preguntar con timidez: «¿Me puedo mudar contigo?». Es una de las pocas reglas de nuestro matrimonio: acordamos que, si mi dulce María alguna vez decide dejarme, tiene que llevarme con ella.

Empecé a quedar atrapado en el entusiasmo de mi esposa por volver a mudarse y señalé la casa al otro lado de la calle. «Esa está en venta. ¿Qué pasa si nos mudamos allí?». María pensó que yo no quería pagar un camión de mudanza, y la verdad era que sí, no quería pagar un camión de mudanza. La compramos y pusimos un letrero de venta en el patio delantero de nuestra casa anterior para ver qué pasaría. En uno o dos días, cinco personas quisieron comprar nuestra casa. Como estábamos mudándonos al otro lado de la calle, no buscábamos un comprador; sino un vecino. Hay una gran diferencia. Haces negocios con los compradores; pero con los vecinos haces relaciones de vida.

Comenzamos a echar en cajas nuestras cosas. Colocamos los artículos pequeños en vagones rojos y carretillas, y colocamos patines y patinetas debajo de las cosas más grandes como refrigeradores, lavadoras y yo. Mientras tanto, continuamos entrevistando personas para el oficio de ser nuestros nuevos vecinos.

Debido a que soy diplomático de la República de Uganda, lo último que hicimos cuando nos mudamos al otro lado de la calle fue colocar la bandera de Uganda sobre nuestro nuevo hogar. No mucha gente sabe esto, pero donde vive el cónsul y donde está izada la bandera de Uganda, en realidad es suelo ugandés. Es difícil de creer, pero nuestra casa es la misión diplomática de un país extranjero para los Estados Unidos. Supongo que, si cometes suficientes errores en tu vida, podrías venir y buscar asilo en mi casa. Cuando suceden cosas en nuestro hogar ahora, no llamamos a la policía. Llamamos a los federales, y los agentes llegan en solo unos minutos. Solo llamé una vez, pero es genial.

Después de conocer a todas las personas que querían comprar nuestra casa, nuestra familia eligió de forma unánime a Carol para que fuera nuestra vecina. Ella era admirable. Carol era viuda y estaba en los inicios de sus cincuenta. Se mudaba a San Diego para estar más cerca de su familia y esperaba vivir cerca de la bahía. La Biblia habla mucho sobre cómo debemos cuidar a las viudas. No creo que Dios hizo esto solo para ser amable con ellas. Apuesto a que sabía que descubriríamos mucho sobre nosotros mismos si lo hacemos. Le dimos un abrazo grupal a Carol mientras todos decíamos: «Carol, bienvenida al vecindario». Algunas semanas después nos encontramos en el círculo de su asombroso amor y amabilidad.

A medida que nuestros hijos crecían, cruzaban la calle hacia la casa de Carol para mostrarle sus proyectos de arte o contarle historias sobre cómo solíamos dejarlos jugar pelota en el pasillo, un juego al que llamaron «pelota de pasillo». Le contaron cómo nuestro hijo Richard perdió una rana en la sala y cómo nuestra hija, Lindsey, en una ocasión ofició el matrimonio de su hermano Adam con una muñeca de tamaño real en la casa cuando tenía cuatro años. Con cada historia, Carol se llevaba la mano a la boca para cubrir a medias las expresiones genuinas de asombro y sorpresa mientras reía como una colegiala. Nunca satisfecha con la primera vez que los niños le contaban sus historias, ella les suplicaba que le contaran más, por lo general sobre la rana que escapó. Todo el tiempo, ella los alimentaba con montañas de galletas. Años más tarde, cuando Richard se casó con Ashley en nuestro patio trasero, Carol se sentó junto a nosotros en la primera fila. Ella no era solo una vecina; se había convertido en parte de nuestra familia.

En las décadas que pasaron después que le dimos a Carol las llaves de la casa, la llamaba un par de veces a la semana para ver cómo estaba. Mis llamadas telefónicas para saber de Carol nunca fueron largas, pero siempre significativas. Un día, la llamé para saber cómo estaba, y ella respondió con un tono serio e inusual. Su voz se quebró un poco cuando dijo: «Bob, acabo de regresar de ver a la doctora, y ella me dio malas noticias. Tengo cáncer». Sus palabras se quedaron suspendidas en el teléfono como si estuvieran atascadas en los cables. Estaba triste por Carol y podía darme cuenta que ella estaba aterrorizada. Pensé por un segundo y luego exclamé: «Carol, voy para allá con algo». Sin duda, estaba un poco desconcertada.

Corrí a una tienda de electrónicos y traje dos *walkies-talkies*. Coloqué uno junto a la cama de Carol, y el otro junto a la nuestra. Carol y yo comenzamos a hablar exclusivamente por *walkie-talkie*. La primera vez que la llamé por las ondas de radio, dije: «Hola, Carol». El *walkie-talkie* hizo ese sonido estático que hacen en las películas. Unos segundos largos más tarde, la voz de Carol crujió por la radio. «Bob, ¿eres tú?». Me reí al pensar: *¿Quién más podría ser?*

Algo sucede cuando hablas por *walkie-talkie*. Obtienes la misma sensación cuando conectas dos latas de melocotón con una cuerda: las dos personas se transforman instantáneamente en niños de nueve años. Nadie tiene cáncer, nadie está solo y ya nadie está atemorizado. Nuestras casas se convirtieron en casas del árbol; los *walkies-talkies* eran las latas. Carol y yo hablamos durante los siguientes años a través de los *walkies-talkies*. Ellos no sanaron su cáncer. Algo mucho más grande sucedió: ella ya no tenía miedo.

Cuando algunos de los amigos de Jesús estaban discutiendo sobre quién podría sentarse más cerca de Él cuando llegaran al cielo, Jesús les dijo que a menos que cambiaran y se volvieran como niños, nunca entrarían al reino de Dios. Creo que lo que estaba diciendo es que necesitamos una fe infantil para entenderlo. Eso tiene mucho sentido para mí. No es actuar de forma infantil lo que nos llevará al cielo. Muchas personas hacen eso. No serán nuestras largas oraciones y nuestro lenguaje elocuente lo que nos ayudará a llegar allí tampoco. Una gran fe no necesita palabras locuaces. Tampoco necesitamos hacer la fe más fácil, porque no lo es; tenemos que hacerla más sencilla, porque lo es. Los niños han dominado aquello en lo que la mayoría de nosotros somos solo principiantes. Una de las cosas sobre los niños, además de su fe sencilla, es que no temen a las cosas que muchos de nosotros tememos. Su curiosidad por lo que no conocen supera con creces sus temores sobre lo que conocen. Tres palabras se destacan en la Biblia. No son palabras difíciles ni profundas ni teológicas. Sin embargo, eso es probablemente lo que las hace difíciles, profundas y teológicas por naturaleza. Aquí están: *No. Tengan. Miedo.* Dios susurró: *No tengas miedo* a Josué cuando no creía que era el hombre correcto para suceder a Moisés. Dios le gritó esas mismas palabras a Abram antes de una gran batalla cuando dijo que sería su escudo y su gran recompensa; y Jesús declaró estas palabras con confianza a un barco lleno de pescadores asustados cuando caminó hasta ellos sobre el agua. *No. Tengan. Miedo.* Estas palabras tienen exactamente tanto poder como les demos en nuestra vida. Las personas que se están convirtiendo en amor experimentan las mismas incertidumbres que todos nosotros. Simplemente no dejan que el miedo gane.

Si tomamos en serio las palabras de Jesús sobre tener una fe como niños y no tener miedo, ellas pueden trasladarnos de solo desear que las cosas mejoren a soportar las circunstancias que Dios realmente nos da. Nos permiten pasar de huir y escondernos de nuestros problemas a enfrentarlos y abrazarlos. Estas palabras pueden llenarnos de confianza serena y esperanza contagiosa. La locura es que cuando no tenemos miedo y enfrentamos el mundo con la fe de los niños, las personas que nos rodean tampoco tendrán miedo. La esperanza y el coraje logran las mismas cosas. Cuando los dejamos, se esparcen como un resfriado. Una muy buena clase de resfriado.

Carol comenzó una lucha larga y feroz contra el cáncer, que había reclamado muchas partes de su cuerpo. Pero el cáncer nunca pudo afectar su espíritu por una sencilla razón: ya no tenía miedo. Estaba jugando a la ofensiva, no a la defensiva.

Llevé a Carol a uno de sus tratamientos de quimioterapia. Nos sentamos en sillas con calefacción uno al lado del otro y nos reímos mucho. Llevé pequeñas sombrillas de colores para poner en las bolsas de quimio y le pedí a la enfermera que me conectara con una bolsa propia. Carol y yo fingimos que estábamos en Hawái, sentados junto a una piscina. Cuando estás junto a alguien que amas, puedes decidir dónde estás, incluso si es diferente de donde realmente estás.

Carol hizo un gran progreso en la lucha por su vida y también tuvo más de un pequeño revés. Durante uno de los turnos que tomó al principio, terminó en el hospital para una operación de emergencia. Después de su cirugía, fui a la sala de recuperación. Un enredo de tubos desaparecía detrás de la cortina que rodeaba la cama de Carol. Encontré a la enfermera que la estaba cuidando, encendí un *walkie-talkie* y se lo di para que se lo llevara a Carol. Me escabullí y me acosté en la otra cama en su habitación detrás de mi propia cortina.

Me senté en silencio durante varios minutos y le pedí a Dios una vez más que sanara a mi amiga y la dejara vivir. Luego encendí mi *walkie-talkie* y le susurré: «Hola, Carol». Volvió a hacer el sonido estático. Hubo un largo silencio, y podía escuchar a alguien buscando a tientas en el lado de la cortina de Carol. Entonces una voz débil dijo: «Hola, Bob. ¿Eres tú?». Ambos recostamos nuestras cabezas sobre nuestras almohadas y nos reímos en medio de las lágrimas.

CAPÍTULO 3

Amar a todos, siempre

*«Amaos los unos a los otros». Lo que es sencillo a menudo
no es fácil; lo que es fácil a menudo no perdura.*

Fue un abogado como yo quien intentó tenderle una trampa a Jesús. Este abogado le preguntó cuál era el principal mandamiento. Creo que estaba maquinando una treta, pero Jesús, en cambio, le habló de su propósito. Afirmó que era amar a Dios con todo su corazón, alma y mente. Entonces, acto seguido, Jesús le dio al abogado algunos consejos no solicitados pero prácticos. Jesús le dijo que debía amar a su prójimo como se amaba a sí mismo. A veces vemos esto como dos ideas separadas, pero Jesús vio amar a Dios y amar a nuestro prójimo como un mandato inseparable; dos mandatos que se hicieron uno, en primer lugar en la mente de Jesús. Creo que Él dijo estas cosas porque sabía que no podíamos amar a Dios si no amamos a las personas con las que Él nos rodea. En pocas palabras, podemos dejar de esperar un plan y simplemente amar a todos. No hay una escuela para aprender a amar a tu vecino, solo la casa contigua. Nadie espera que lo amemos a la perfección, pero podemos amarlo sin miedo, con pasión y sin tanto razonamiento.

No se supone que amemos solo a nuestros prójimos, pero Jesús pensó que debíamos comenzar por ellos. Apuesto a que Él sabía

17

que, si nuestro amor no funciona para las personas que viven cerca de nosotros, entonces es probable que no funcione para el resto del mundo. Jesús tampoco dijo quiénes son nuestros prójimos. Posiblemente para que no comencemos a hacer listas de aquellos que no necesitamos amar.

Cada uno de nosotros está rodeado todos los días por nuestros prójimos. Están delante de nosotros, detrás, a cada lado. Están en todos los lugares a los que vamos. Están saqueando comestibles y asistiendo a las reuniones del consejo de la ciudad. Están sosteniendo carteles en las esquinas de las calles y rastrillando hojas al lado. Juegan al fútbol de la secundaria y entregan el correo. Son héroes y prostitutas, pastores y pilotos. Viven en las calles y diseñan nuestros puentes. Van a seminarios y viven en prisiones. Nos gobiernan y nos molestan. Están en todo lugar donde miramos. Es una cosa que todos tenemos en común: todos somos prójimos de alguien y ellos son nuestros. Este ha sido el plan maestro de Dios desde el principio, sencillo pero brillante. Hizo todo un mundo de prójimos. Lo llamamos tierra, pero para Dios solo es un vecindario bien grande.

Lo que a menudo nos impide amar a nuestros prójimos es el miedo a lo que sucederá si lo hacemos. Con sinceridad, lo que más me asusta es pensar en lo que sucederá si no lo hacemos. Ser valiente no es algo que podamos decidir ser en un momento, pero el miedo se puede superar con el tiempo y la ayuda adecuada. Podemos intentar con todo lo que tenemos, pero solo Jesús tiene el poder de sacar de nosotros la valentía que se necesita para vivir la vida de la que Él habló.

Durante los últimos veintidós años, hemos hecho un desfile en el día de Año Nuevo para celebrar a nuestros vecinos. Nuestro desfile comienza en el callejón sin salida al final de nuestra cuadra y termina en nuestro patio delantero. Toda nuestra familia se despierta temprano cada año e inflamos más de mil globos de helio. Somos la razón por la que hay escasez de helio. Antes de empezar a sacar los globos de la casa, damos gracias por nuestros vecinos y por el privilegio de vivir con ellos.

Nuestra cuadra solo tiene veinte casas si cuentas ambos lados, así que nuestro desfile no es largo. Nuestro primer año, solo éramos ocho de pie al comienzo de la ruta del desfile. Nos paramos juntos al final del callejón sin salida, tratando de parecer un desfile. Alguien dijo: «Fuera», y comenzamos a caminar por la calle y saludar a los seis vecinos que estaban mirando. Ahora son probablemente 400 o 500 las personas que vienen cada año. Los niños cargan carretillas llenas de animales de peluche y peces dorados. No hay carrozas sofisticadas; las bicicletas con tarjetas de béisbol en los rayos son la norma. Para cuando todos nos alineamos para el desfile en estos días, ya estamos al frente de nuestra casa y algunas veces la pasamos un poco, antes de que alguien comience a moverse.

Aquí está la razón por la cual hacemos esto: no podemos amar a personas que no conocemos. Tú tampoco puedes. Decir que amamos a nuestros vecinos es sencillo. ¿Pero adivina qué? Hacerlo también lo es. Solo prepárales un desfile. No creemos que el mandato de Jesús de «amar a tu prójimo» sea una metáfora para otra cosa. Pensamos que significa que debemos amar en verdad a nuestros prójimos. Involúcrate con ellos. Deléitate con ellos. Haz una fiesta para ellos. Cuando la alegría es un hábito, el amor es un reflejo.

Debido a que hemos estado preparando el desfile durante décadas, conocemos a todas las personas que viven cerca de nosotros. No sé si han aprendido algo de nosotros, pero hemos aprendido mucho de ellos respecto a amarnos unos a otros. Dios no nos dio vecinos para que sean nuestros proyectos; nos rodeó de ellos para que sean nuestros maestros.

No tenemos un plan para el desfile. Esto reduce el tiempo de preparación. Es igual de bueno. De todas formas, el amor no obedece todas las reglas que tratamos de darle. Una semana antes del desfile cada año, tocamos algunas de las puertas de nuestros vecinos y elegimos a un gran mariscal y una reina de entre ellos. Ser elegida como la reina es algo grande en nuestro vecindario. Carol fue elegida un año. Una década después, la gente todavía se inclinaba ante Carol cuando la veían en el mercado de la esquina o en la gasolinera y la llamaban «Su Majestad». Era simplemente hermoso.

Un año, debido a la terrible batalla dentro de Carol, ella no pensó que podría caminar la ruta del desfile desde el callejón sin salida hasta nuestra casa donde termina. Tengo una motocicleta vieja Harley-Davidson con un sidecar. Ese año, puse a Carol en el sidecar y le di un paseo. Ella fue la protagonista del desfile porque todos los vecinos sabían del cáncer contra el cual ella luchaba. Carol, elegante como siempre, saludó a todos, y ellos le devolvieron el saludo. Justo antes de llegar al final de la ruta del desfile, Carol se volvió hacia mí y tomó un respiro profundo, lleno de pensamientos. Era como si estuviera pasando por el momento más destacado de su vida cuando expresó: «Sabes, Bob, realmente voy a extrañar este desfile». Miré a mi vecina en el sidecar a mi lado y le dije: «Yo también, Carol. Yo también». Incluso mientras lo hacía, le pedí a Dios que Carol tuviese al menos un desfile más con nosotros.

Siete meses después, nuestra familia acababa de regresar de un viaje fuera del país. Estaba con mi hijo Richard cuando recibimos la noticia de que Carol había vuelto al hospital para otra operación. Subimos al auto y nos apresuramos para estar con ella. Avanzamos con rapidez por el pasillo y entramos en la habitación de Carol justo cuando el doctor salía. Una quietud sombría llenó la habitación cuando entramos. Carol estaba apoyada con almohadas en su cama. Su cabeza estaba inclinada hacia el techo. Sus ojos estaban cerrados, y sus manos estaban dobladas. El doctor acababa de decirle que iba a morir. Nos sentamos juntos en la cama, lloramos por un rato, luego hablamos de globos y desfiles, de la eternidad y de Jesús.

Carol regresó a su hogar, en la casa frente a la nuestra para pasar sus últimos días entre sus amigos y vecinos. No tenía apetito, pues su cuerpo comenzaba a apagarse. Constantemente intentábamos persuadirla para que comiera algo. De vez en cuando ella tenía un antojo extraño por un tipo específico de comida. Un día me dijo que le apetecía un tipo particular de perro caliente. Me contó con detalles notables sobre el ancho, el largo y el color de estos.

Esta compañía solo debe preparar unos cuatro o cinco perros calientes al año, porque fui a una docena de tiendas de comestibles y charcuterías buscando la marca de perros calientes de Carol, sin suerte. Finalmente, encontré un pequeño paquete. Sentí que había encontrado la Atlántida. «¡Sí!», grité desde el pasillo tres en el supermercado, agarré el paquete y levanté los brazos por encima de mi cabeza. Casi lo lanzo como un balón de fútbol en la zona de anotación, pero me contuve.

Corrí de regreso a la casa de Carol y abrí el paquete de perros calientes con una reverencia reservada para el arca del pacto. Le comenté a Carol que había obtenido exactamente lo que ella deseaba. Carol me dijo que quería ver el envoltorio. Incluso en su condición debilitada, quería asegurarse de que no hubiéramos comprado perros calientes de otras marcas.

Carol no podía comer mucho más que una cucharadita de comida en cada momento. Mi dulce María preparó en forma de burla al rey de todos los perros calientes para que ella mirara e hizo una gran montaña con todos los aditamentos. Tenía todo un montón de cebollas picadas en la parte superior y un pepinillo del tamaño de un perro pequeño. Me puse mi gorra de béisbol favorita y le puse la de Carol, y colocamos el perro de muestra en una bandeja de plata frente a ella. Le di su perro caliente finamente picado, un cuarto de cucharadita a la vez, y le pedí que mirara la muestra e imaginara que estaba comiéndosela en grandes bocados mientras miraba un juego de los Medias Rojas. Nuestros amigos hacen cosas como esta por nosotros. Nos ayudan a ver la vida de la que Jesús habló mientras nos la dan en pedazos más pequeños, a veces solo una cucharadita a la vez.

Algunas personas tienen listas de cosas que siempre han querido hacer. Yo no tengo ninguna; yo quiero hacerlo todo. Si tuviera una lista de deseos, podría poner solo dos o tres cosas que *no* quiero hacer, como ser mordido en la cara por una serpiente. Pero, con sinceridad, incluso ese ha estado en la burbuja de deseos. Le pregunté a Carol si tenía una lista de cosas que siempre había querido hacer, pero que nunca había podido. Carol lo pensó y luego dijo con un destello de luz en sus ojos: «Sabes, nunca he empapelado la casa de nadie con papel higiénico».

Carol me llamó por el *walkie-talkie* a las cuatro de la tarde unos días después. «¡Vamos!», casi gritó. Iba a explicarle cómo la mayor parte del empapelado generalmente debe hacerse bajo la sombra de la oscuridad, pero luego lo pensé por un segundo y respondí: «¡Estoy en camino!». Conseguí algunas narices de goma y anteojos para ponernos, y cruzamos la calle como un par de niños de escuela secundaria con rollos de papel higiénico debajo de los brazos. Mi querida María nos recibió allí y tenía una docena más de rollos. Uno de nuestros vecinos favoritos tiene algunos árboles grandes frente a su casa. Carol sonreía tontamente mientras arrojaba rollos de papel higiénico sobre los árboles y señalaba los lugares que nos faltaban. Además, ella tenía buena puntería.

Justo cuando estábamos terminando un trabajo bastante épico en los árboles de nuestro vecino, la policía bajó por la calle en su patrulla. Era como si hubieran sido instruidos por un director de cine para aparecer justo cuando Carol se estaba preparando para lanzar el último rollo sobre la rama superior. Ella tenía su brazo cargado detrás de su cabeza mientras ellos se acercaban. Ella los miró, luego al árbol y luego a ellos. Encendieron las luces y comenzaron a salir del auto, y ella lo lanzó de todos modos. Aún llevábamos nuestros disfraces, así que tal vez pensó que podríamos salir corriendo. Los policías nos preguntaron si sabíamos que era un delito menor lanzar papel higiénico en la casa de alguien. Los miré, rodeé a Carol con el brazo y dije: «Oficial, tengo inmunidad diplomática y ella tiene cáncer. Adelante, deténganos».

Los oficiales se miraron y sonrieron. Ellos entendieron lo que estaba sucediendo. Fueron compasivos y juguetones con Carol mientras estábamos en la calle hablando de cómo sería la vida en prisión para ella. Le dije que le encantaría la comida, pero que odiaría las duchas y le sugerí que la esposaran antes de llevarla a la Casa Grande solo para asegurarse de que no cometiera ningún otro crimen importante ese día. Los despedimos mientras los policías se alejaban.

Cuando nuestros hijos eran pequeños y tenían problemas para dormir, yo tomaba la punta de mi dedo y frotaba entre sus cejas hasta el final de sus narices. Funcionó todas las veces, y en unos minutos estaban dormidos. Carol logró llegar del otoño a la Navidad, pero apenas. Iba a su casa a visitarla y frotaba su nariz con mi dedo para ayudarla a descansar y escapar por unos momentos de la batalla que se desarrollaba dentro de ella. Orábamos juntos y hablábamos de Jesús y de nuestros vecinos. Un día, estos mismos vecinos llegaron a la parte trasera de su casa, pasaron por la ventana las flores que habían cultivado en sus jardines y cubrieron la cama de Carol con ellas. El amor desinteresado tiene el poder de transformar incluso los lugares más oscuros en praderas.

Cuando Carol aún tenía fuerza, recibía a los amigos en su sala. Con su frágil dedo señalaba a través de la ventana a los árboles al otro lado de la calle con restos de papel higiénico que aún ondeaban desde las ramas superiores como las banderas en una carpa de circo. Se reía y decía: «Yo hice eso». Durante el invierno, cada día se hacía más difícil para Carol encontrar energía. Dormía inquieta y durante más tiempo a lo largo de los días y las noches, que comenzaron a mezclarse para ella.

El día de Año Nuevo, Carol se aferraba a la vida por unos pocos hilos y estaba demasiado débil para levantarse de la cama. Había llegado al día del desfile que una vez había presidido como reina. Esta fue una ambición que creo que la sostuvo durante los últimos meses de su valiente batalla. Justo antes de que comenzara el desfile, mis hijos Richard y Adam, junto con el esposo de Lindsey, Jon, cruzaron la calle y llevaron a Carol de su dormitorio a una silla que habían colocado frente a la ventana de su sala.

Carol podía escuchar la música y sabía que el desfile vendría pronto, pero no podía ver más allá de la esquina de su ventana. Lo que no sabía era que habíamos cambiado la ruta del desfile, y en unos pocos minutos las 500 personas pasaron por su jardín delantero.

Me senté al lado de Carol, y la tomé de la mano mientras cientos de sus amigos y vecinos se acercaban a su ventana, presionaban sus narices contra ella, la saludaban con la mano y lanzaban globos. Mientras lo hacían, en medio de sus lágrimas, Carol levantaba su mano débil lentamente hacia su boca y les lanzaba un beso de despedida a cada uno de ellos. Unos días más tarde, Jesús llevó a Carol al cielo. Sería su segundo desfile de la semana.

No sé si las calles del cielo están pavimentadas en oro, pero anhelo que estén llenas de globos. Y al final del desfile, apuesto a que encontraremos a Jesús lanzando besos, frotándonos la nariz y dándonos la bienvenida a nuestro próximo vecindario. Solo espero tener una casa cerca de la de Carol otra vez.

CAPÍTULO 4

La camioneta amarilla

No les digas a las personas lo que quieren;
diles quiénes son.

Cuando terminé la facultad de derecho, le compré a mi papá su camioneta amarilla. No tenía muchas millas recorridas y estaba en bastante buena condición. Le di el dinero, él me lanzó las llaves y yo me monté. Mientras salía de la entrada, él tocó en la ventana y yo la bajé. Señaló al capó y dijo: «Querrás cambiar el aceite». Asentí obedientemente y conduje a casa. Mi papá es un gran hombre y lo amo mucho; pero me molestaba que aún estuviera diciéndome qué hacer, aunque yo ya era un hombre adulto. Sin embargo, lo tomé como una de esas cosas que hacen los papás y le hice caso omiso.

La próxima vez que fui a ver a mi padre, fue una gran visita. Antes de irme, me volvió a repetir que sería bueno que cambiara el aceite de mi camioneta. Esto parecía suceder cada vez que nos juntábamos, y comencé a verlo como una especie de situación sin salida. Yo era un adulto, y no quería que alguien me dijera qué hacer. Después de todo, ahora era *mi* camioneta. Cada vez que mi padre me decía del aceite, me quejaba en voz baja de que cambiaría el aceite cuando quisiera y no un minuto antes. Aunque sabía que mi papá tenía razón, podía haber tenido cinco latas de aceite, un embudo y un filtro en el asiento delantero, y aun así no lo habría hecho.

¿Por qué? Es sencillo. La mayoría de las personas no quieren que se les diga lo que deben hacer. Está en nuestro ADN evaluar nuestro entorno, asimilar las aportaciones y decidir por nosotros mismos qué haremos. Nos resistimos de varias maneras. En ocasiones, les enviamos a las personas el mensaje con una palabra o un gesto cortante para crear cierta distancia. Otras veces nos resistimos al ser pasivamente distantes y educados, mientras proyectamos una carga de indiferencia. La razón por la que hacemos esto es tan simple como complicada. Incluso cuando las sugerencias de alguien no pretenden ser manipuladoras, aun así, se perciben de esa manera.

Mi papá no quería hacerme daño cuando me decía que debía cambiar el aceite de mi camioneta. Todo lo contrario. Él me amaba y sabía que yo no siempre estaba consciente de ciertas cosas en mi vida. Ambos sabíamos que el mantenimiento del vehículo era una de esas cosas. Sabía que las personas que no cambian el aceite en sus camionetas terminan con motores fundidos. Como él me amaba y no quería que mi camioneta se rompiera, me dijo lo que debía hacer al respecto. Estaba tratando de ayudarme a evitar que algo malo sucediera, pero salió mal por la forma en que yo lo recibí. Lo mismo nos sucede a todos.

A algunos de nosotros nos han dicho lo que debemos querer durante toda nuestra vida. Nos han dicho que deberíamos querer ser deportistas o no. Deberíamos querer una educación universitaria o un postgrado o una carrera en particular. Deberíamos querer salir con esta persona y no con la otra. Por supuesto, nada de esto es mal intencionado, y no implica daño alguno. Simplemente no nos cae bien.

Un problema similar pero diferente ocurre también en nuestras iglesias, escuelas y comunidades de fe. Alguien nos dice lo que Dios quiere que hagamos o que no hagamos. Nos dicen que no debemos beber, maldecir ni ver ciertas películas. Nos indican que deberíamos anhelar «tiempos de quietud» por las mañanas y hablar con los extraños sobre «una relación con Dios». Nos expresan que deberíamos hacer «viajes misioneros» y «testificar» a las personas, y a veces lo hacemos incluso aunque no sabemos en realidad lo que significan las palabras, pero con frecuencia, solo por un tiempo. Después de un período suficiente, lo que parece ser fe ya no es realmente fe. Es solo cumplimiento. El problema del mero cumplimiento es que nos convierte en actores. En lugar de tomar decisiones propias, leemos las líneas del guion que nos dio alguien a quien se nos dijo que debíamos respetar, y sacrificamos nuestra capacidad de decidir por nosotros mismos.

La solución para todo esto es tan fácil como es el problema de difícil. En lugar de decirles a las personas lo que deben querer, necesitamos decirles quiénes son. Esto funciona todo el tiempo. En nuestra vida nos convertiremos en quienes las personas que amamos más dicen que somos.

Dios hizo esto constantemente en la Biblia. Él le dijo a Moisés que era un líder y Moisés se convirtió en un líder. Le dijo a Noé que era marinero y así sucedió. Le dijo a Sara que era madre y se convirtió en una. Le dijo a Pedro que él era una roca y él edificó la iglesia. Le dijo a Jonás que sería comida para peces y, bueno, lo fue. Si queremos amar a las personas de la misma manera en que Dios las ama, dejemos que el Espíritu de Dios hable cuando se trate de decirles lo que quieren. Todas las instrucciones que nos damos los unos a los otros no nos están llevando a los pies de Jesús. Más a menudo, el resultado no planeado es que llevan a estas personas de vuelta a nosotros. Este es el problema: cuando nos hacemos supervisores del comportamiento de otros, corremos el riesgo de que la aprobación sea más importante que el amor de Jesús.

Otro problema al tratar de forzar el cumplimiento es que solo dura un tiempo, por lo general solo hasta que la persona recibe un conjunto de instrucciones diferentes de otra persona. La fe dura toda la vida y nos llevará a través de los tiempos más difíciles sin una sola palabra.

Decirles a las personas lo que deberían querer nos convierte en un grupo de alguaciles. Las personas que se están convirtiendo en amor pierden ese distintivo y en su lugar regalan gracia. Diles a las personas que conoces en quiénes se están convirtiendo y confía en que Dios las ayudará a encontrar su camino hacia cosas bellas en sus vidas sin ti.

Después de años de conducir esa camioneta, ya no funcionaba mucho. Para entonces no había cambiado el aceite en cien mil millas. No estoy bromeando. Las cerraduras de las puertas no funcionaban; los limpiaparabrisas no trabajaban. El tapón de gasolina tampoco funcionaba. ¿Qué tan maltratado debe estar un automóvil para que el tapón de gasolina no funcione?

Yo era un abogado recién graduado con una esposa y un niño en camino y un trabajo en un gran bufete de abogados en San Diego. Reuní suficiente dinero para un traje y algunas camisas, pero el dinero era escaso. El estacionamiento en el centro también era escaso. Tanto es así, que la empresa no podía acomodar nuestros autos debajo del edificio donde yo trabajaba.

Cada empleado recibía 200 dólares al mes para pagar el estacionamiento al otro lado de la calle en un elegante garaje. Eso es mucho dinero cuando estás en la ruina, así que decidí quedarme con el dinero en efectivo y simplemente estacionar mi camioneta amarilla en algún lugar de la calle. El único lugar que pude encontrar fue a veinte minutos de mi oficina caminando, al otro lado de las vías del tren.

Un día de invierno, salí del trabajo un poco antes. Cuando llegué a mi camioneta, había un vagabundo sentado en el asiento del conductor. Supongo que tenía frío y vio que las puertas estaban abiertas, así que entró. Su cesta de compras estaba contra la puerta del acompañante al lado del conductor. Mi camioneta estaba estacionada paralela entre otros dos autos, y él se quedó allí sentado mirando como si estuviera esperando que cambiara la luz del semáforo. Tenía las manos sobre el volante a las diez para las dos, como te enseñan en la clase de educación vial.

Me acerqué a mi camioneta y tímidamente toqué la ventana. Sentí que lo estaba interrumpiendo. Levantó la vista y me saludó con la mano, luego volvió a mirar al frente y puso sus manos nuevamente en el volante. Después de unos momentos más de verlo mirar hacia adelante, volví a tocar en la ventana. Levantó la vista y me saludó. Esta vez bajó la ventanilla, sonrió y me preguntó: «¿Puedo llevarte a algún lugar?».

«Hoy no», le respondí mientras abría la puerta y lo dejaba salir. Balanceó sus piernas, se paró derecho a mi lado, me dio unas palmaditas en el hombro como si yo fuera alguien del servicio de estacionamiento, y luego se alejó silbando. Me quedé allí por un minuto, con las llaves del auto todavía en la mano.

Al día siguiente, fui al trabajo en mi camioneta amarilla y estacioné en el mismo lugar. Al final del día, volví a mi camioneta y allí estaba nuevamente. Toqué en la ventana, me saludó y le devolví el saludo. Me preguntó si podía llevarme a algún lugar, le dije que no, y abrió la puerta. Se estiró e intercambiamos lugares una vez más. Esto continuó por meses. No hablamos mucho durante ninguno de estos intercambios. Era algo así como el cambio de guardia en el Palacio de Buckingham, pero sin los sombreros de piel. Él necesitaba un lugar donde estar y yo necesitaba un cambio de aceite. Las personas necesitadas se encuentran.

Lo que este hombre en realidad necesitaba era un lugar seguro para pasar sus días. Un lugar cálido y seco. Lo que yo realmente necesitaba era sentir que estaba siendo útil. Ambos estábamos haciendo algo al respecto. Nunca supe su nombre y él no supo el mío. No sabía lo que él hacía, y él no sabía que yo era abogado. No sabía por qué estaba sin hogar o por cuánto tiempo, y él no sabía que yo no había cambiado el aceite. Solo sabía que esperaba verlo al final de cada día y creo que a él le gustaba verme. Habíamos encontrado nuestro ritmo juntos y no necesitábamos todos los demás detalles.

Un día regresé a mi camioneta después del trabajo, y desde una cuadra de distancia pude ver que mi amigo no estaba sentado en el asiento del conductor. Eso era extraño. Estaba un poco triste de ver que él no estaba allí y me preguntaba qué había pasado mientras me acercaba. Cuando llegué a la camioneta, descubrí por qué. Mi camioneta estaba destrozada. Había botellas de cerveza vacías, cigarrillos a medio fumar y basura en el piso. Un par de botones en el tablero ya no estaban. Era un desastre. Sabía por qué él no estaba allí. Estaba avergonzado.

La vergüenza nos hace eso. Nos hace salir de los lugares seguros. Rompe los ritmos que hemos establecido entre nosotros. Este hombre y yo nunca habíamos necesitado palabras. Después de haber cometido un error ese día, sin duda pensó que necesitaría darme muchas palabras, pero la vergüenza nos hace callar. Nos despoja de las pocas palabras que podríamos tener. Silencia nuestra vida y nuestro amor. Es el carterista de nuestra confianza. Yo no había hecho mucho por él. No habíamos tenido conversaciones reales en los muchos meses que nos conocimos. Lo traté con el mismo respeto silente con el que me trató. Solo cambiábamos lugares una vez al día. Es evidente, ese día algo había salido terriblemente mal y él no sabía qué hacer, así que se fue y nunca lo volví a ver. No podemos permitir que esto suceda entre nosotros. La vergüenza hará esto, y los temores también. Los argumentos tontos lo harán. El orgullo y sus expectativas irrazonables lo harán. Nuestros fracasos y vergüenza lo harán. Cada una de estas cosas nos dirá tantas mentiras como escuchemos, luego nos robará nuestras palabras, nos quitará los ritmos que hemos establecido con las personas que hemos llegado a conocer y nos dirá que huyamos.

Conduje esa camioneta amarilla hasta las ciento veinte mil millas, ¿y sabes qué?, nunca cambié el aceite. Ni una sola vez. Esto, por supuesto, le hizo un daño irreparable al motor. Conduje por la calle todos los días con humo blanco saliendo del tubo de escape. Parecía una locomotora vieja. La mayoría de nosotros hará casi cualquier cosa, incluso tonterías, para evitar que nos digan qué es lo que queremos. Cuando alguien trata de controlarnos, nos enseña nuevas maneras de ser tontos porque nos recuerda las viejas formas en que hemos sido manipulados antes.

Una mañana, salí de mi casa para subir a mi camioneta amarilla, pero no estaba. Me pregunté por un segundo mientras caminaba dentro de la casa con mis llaves, si se la había prestado a alguien. ¿La olvidé en el centro? ¿Estaba mi amigo sentado en ella en algún lugar con sus manos a las diez para las dos? No. Alguien la había robado. No sería difícil de hacer. No tenía cerraduras. Tampoco sería difícil de encontrar. La policía podía simplemente seguir el rastro de humo blanco.

Un par de semanas después, la policía llamó y dijo que había encontrado la camioneta. Pero ya no la quería. Apenas andaba. Con un poco de distancia, por primera vez me di cuenta de lo deshecha que realmente estaba y de cuán en lo cierto mi padre había estado años antes.

Jesús les contó a Sus amigos una historia sobre un padre y un hijo perdido. El chico no pasaba sus días en el asiento del conductor de las camionetas de otros, pero estaba bastante cerca. Se había equivocado y se sentía muy mal por lo que había hecho, así como mi amigo de las vías del ferrocarril. Pero cuando fue hallado, algo le sucedió al hijo, diferente a lo que le pasó a mi amigo. El hijo corrió hacia la relación que tenía con su padre, no lejos de ella. Es algo que todos tenemos que decidir si haremos. Es probable que hayas hecho de tu vida un desastre un par de veces. Yo también. Corre hacia Dios, no lejos de Él.

El padre, en la historia de Jesús, también corrió hacia el hijo. Cuando el padre descubrió que el hijo ya no estaba perdido, lo celebró de una forma que yo no pude cuando encontré mi camioneta desbaratada. Creo que sé por qué. No había vergüenza. El padre no pensaba en cuánto se había equivocado el hijo. El hijo tampoco estaba pensando en eso. Ambos sabían que el hijo había conducido su vida directamente hacia un acantilado, pero de alguna manera superaron la vergüenza del fracaso y llegaron al punto de celebrar estar juntos una vez más.

Haz eso muchas veces. Encuentra el camino de regreso a las personas que has amado y que te han amado. Averigua con quién has roto tu ritmo. No dejes que el malentendido decida tu futuro. Si pierdes el rumbo hacia Dios, deja que Él acorte la distancia y comienza la celebración una vez más. Todos estamos en la misma posición cuando se trata de nuestra necesidad de amor, aceptación y perdón.

Lo que tuvo sentido para mí cuando escuché por primera vez sobre Jesús es cómo Él no nos da un montón de instrucciones con la intención de manipular nuestro comportamiento o controlar nuestra conducta. En cambio, Él tiene bellas esperanzas para nosotros y nos las ha declarado, pero no nos mira con el ceño fruncido cuando todavía no estamos preparados para tener esas mismas esperanzas para nosotros mismos. Él no nos amará más ni menos en función de cómo actuemos, Él está más interesado en nuestro corazón que en todas las cosas que hacemos. Él no está estancado diciéndonos qué hacer, cuándo hacerlo o qué queremos tampoco.

Mucho mejor, Él continúa diciéndonos a través de nuestros éxitos y de nuestros errores quiénes somos, y esto es lo que quiere que sepamos: somos Suyos.

CAPÍTULO 5

El conductor de limusina

No construyas un castillo cuando puedes construir un reino.

Recibí una llamada de alguien que organizaba una conferencia nacional para locutores de radio cristianos. Dijo que se reúnen una vez al año y que su próximo encuentro sería en Disney World en Orlando. Querían que yo hablara en el evento, y me pidió que orara si debía ir.

«Tú ora por eso —le dije—. Es Disney World. ¡Yo ya voy en camino!».

No sé si solo pensar en algo es lo mismo que orar por eso. Probablemente no. Creo que las personas suelen confundir estas dos cosas. Las oraciones a veces son gritos espontáneos a Dios en busca de ayuda, y otras veces son intentos bien organizados de alzar nuestras voces para un propósito específico. Nunca me he relacionado con oraciones escritas. Sería como si mis hijos me hablaran, o Jesús hablara con Sus amigos, usando tarjetas de notas de 3x5 pulgadas (8x13 cm). Cuando lo hago bien, mis oraciones son como una conversación con un amigo y mis palabras se sienten más como bocanadas de aire que discursos sofisticados. Necesitamos todo tipo de oración, supongo, pero no creo que tengamos que parecernos los unos a los otros al orar. Dios no está cautivado por palabras elocuentes; Él se deleita en corazones humildes.

No podía esperar para llegar al evento de los locutores de radio y poder ver cómo era Disney World en Florida. Soy un hombre de taxis amarillos, así que me bajé del avión en Orlando y caminé hacia la parada de taxis. En el camino, vi a un hombre con un sombrero negro, un traje y un letrero parado frente a una larga limusina negra. Su cartel decía «Bob». Lo primero que pensé fue que estaba allí para recoger a otro hombre llamado Bob. ¿Tal vez Bob Dylan estaba en la ciudad? Siempre quise conocerlo. Entonces noté que decía «Goff» debajo del nombre en el letrero. Mi instinto fue pasarle por el lado al hombre de la limusina. Pero luego pensé: *¡Vaya! Nunca he estado en una limusina antes. ¡Si gastaron el dinero para alquilar una, me voy a dar un paseo!*

Me acerqué al hombre con el sombrero y el letrero y dije con voz alta y entusiasta: «¡Soy Bob!». Moví los brazos como suelo hacer cuando hablo con personas que no conozco. Me miró de arriba abajo por un segundo y luego me preguntó: «Sí, pero *¿quién eres tú?*». Supongo que quería saber si yo era famoso. Quería decirle: «Sí, inventé la medicina», pero simplemente dije: «Solo soy Bob». Parecía más que un poco decepcionado.

Le dije: «Lo sé, amigo. Yo también».

Me metí en la parte trasera de la limusina y comenzamos a conducir hacia el Reino Mágico. Sé que Dios vive en todas partes, pero apuesto a que pasa mucho tiempo en Disney World. Es un lugar donde nadie usa palabras difíciles y lo que alguien hace en un día de trabajo no importa. Es un lugar sin títulos ni estatus y donde nadie se queda atascado siendo quien era, a menos que quiera serlo. Es donde nuestra imaginación obtiene permiso para realizar todos los paseos y nuestros miedos ya no pueden detenernos más.

Tengo los planos arquitectónicos del castillo de Disneyland. Salieron a la venta en eBay. No podía creerlo. Vendí el carro de mi esposa por ellos. Ella camina mucho por la ciudad ahora. Construir un castillo no es tan difícil como uno piensa si se tiene suficiente tiempo, espacio y dinero. Solo consigue mucha madera contrachapada, polvo de duendecillo y un grupo de personas que usen martillos y coloquen puentes levadizos en su lugar, y tendrás un castillo después de un tiempo.

En realidad, construimos castillos todo el tiempo, de nuestros trabajos y de nuestras familias y de las cosas que hemos comprado. A veces incluso los hacemos los unos de los otros. Algunos de estos castillos son impresionantes también. Muchas personas vienen a admirar lo que hemos construido a lo largo de nuestra vida y nos dicen qué grandes castillos tenemos. Pero Jesús les dijo a Sus amigos que no debíamos pasar nuestra vida construyendo castillos. Dijo que quería que construyéramos un reino, y hay una gran diferencia entre construir un castillo y construir un reino.

Ya ves, los castillos tienen fosos para encerrar a las personas atemorizantes, pero los reinos tienen puentes para que todos entren. Los castillos tienen mazmorras para las personas que han actuado mal, pero los reinos tienen gracia. Hay una última cosa que los castillos tienen: trasgos. Es probable que hayas conocido a algunos. Yo también. Los trasgos no son malas personas; son solo personas que realmente no entiendo. Esta es la situación: es la forma en que tratamos a los trasgos en nuestra vida lo que nos permitirá saber qué tan avanzados estamos en nuestra fe. Si queremos un reino, entonces comenzamos como lo hizo la gracia, dibujando un círculo alrededor de todos y diciendo que están dentro. Los reinos se construyen a partir de las personas. No hay un conjunto de planes, solo Jesús.

Hay muchas personas que no comprendo. Supongo que algunas son trasgos y otras no. Sin embargo, Dios no ve a las personas de la manera en que yo lo hago. Las que veo como problemas, Dios las ve como hijos e hijas, hechos a Su imagen. Las que veo como difíciles, Él las ve como encantadoramente diferentes. El hecho es que, lo que distorsiona mi visión de las personas que a veces son difíciles de tratar es que Dios está trabajando en aspectos de sus vidas diferentes de los que está trabajando en la mía. Te daré un ejemplo. Hay una historia en la Biblia sobre Jesús y Sus amigos que cruzaron un lago y conocieron a un hombre que era un trasgo para la mayoría de las personas cercanas a él. Él era malo, loco y estaba poseído. Jesús sabía con exactitud lo que estaba sucediendo en él, incluso cuando las personas que vivían cerca no lo sabían. Quizás sabes lo que ocurrió. Todo el mal en él se fue y entró en los cerdos, y estos se lanzaron por un acantilado y murieron. Lo que fue un gran día para el hombre que Jesús conoció fue un día pésimo en extremo para el porcicultor que estaba cerca, y fue incluso peor para los cerdos.

Casi puedo escuchar la conversación que el porcicultor debió haber tenido esa noche con su esposa cuando le preguntó cómo había sido su día de trabajo. «Bueno, estaba yendo de maravilla —el hombre probablemente continuó—: hasta que un hombre desembarcó de su bote en la orilla y comenzó a hablar con el loco junto al lago». Después de una pausa, dijo, sacudiendo la cabeza: «Entonces todos nuestros dos mil cerdos se lanzaron por un acantilado y murieron».

«¿Qué? ¿Cómo es posible?», su esposa debe haber preguntado. La respuesta simple es que probablemente él no sabía. La verdadera respuesta era que Dios estaba haciendo algo en la vida de otra persona diferente de lo que estaba haciendo en sus vidas, y lo que estaba haciendo se cruzó en gran medida con la vida del porcicultor.

Dios sabe que nos confundimos con facilidad y que a menudo somos caprichosos, y Él nos persigue con amor de todos modos. Creo que quiere que veamos las cosas como Él las ve, y eso no va a suceder desde el último piso de nuestros castillos. Ocurrirá en el nivel de gracia del suelo. Y va a tomar mucha gracia aceptar que a veces somos la persona al otro lado del lago, y otras veces somos el porcicultor.

Dios quiere que ame a los que no entiendo, que conozca sus nombres. Que los invite a hacer cosas conmigo. Que vaya y encuentre a los que todos han evitado y rechazado. Que los vea como mis prójimos, incluso si estamos en lugares totalmente diferentes. Podrás identificar a las personas que se están convirtiendo en amor porque quieren construir reinos, no castillos. Llenan sus vidas con personas que no se parecen a ellos ni actúan como ellos y ni siquiera creen lo mismo que ellos. Las tratan con amor y respeto, y están más ansiosos por aprender de ellos que de presumir que tienen algo que enseñar.

Hay una tradición en Disney que la mayoría de las personas desconocen. Las ventanas de las tiendas de la segunda planta están dedicadas a las personas que ayudaron a construir el reino allí. En Disneyland, en el sur de California, encontré una ventana frente al Jungle Cruise (crucero por la jungla) dedicada a un hombre llamado Harper Goff. Él no está relacionado conmigo en absoluto, pero eso no es lo que le digo a la gente que vende las entradas. La ventana dice: «Prof. Harper Goff, lecciones de banjo». Pero no es por el banjo que será recordado. Mira, Harper Goff tiene una ventana en Disneyland porque ayudó a construir un reino allí.

Aquí está la pregunta que me sigo haciendo: *¿Qué quiero que diga mi ventana?* Vale la pena pensar en esta pregunta, aun cuando no sabes la respuesta. ¿Qué función vas a desempeñar para construir el tipo de reino que Jesús declaró que perduraría?

Tenemos una cabaña en Canadá. Una tradición que hemos tenido durante décadas es que todos los que vienen a visitarnos se meten debajo de la mesa del comedor para firmar y dejar una palabra. Uno de mis amigos, Don, dejó la palabra *Con* en el fondo de la mesa. Hemos tenido líderes, embajadores, ministros de asuntos exteriores y niños de primaria que han firmado debajo de nuestra mesa y han dejado una palabra. Hemos tenido personas buenas y malas e indecisas que han hecho lo mismo. Hemos tenido roqueros, poetas, jueces de la Corte Suprema y realizadores de películas que se han metido debajo de la mesa. Hemos tenido personas cuyos países estaban rodando tanques unos contra los otros y se han metido juntos debajo de la mesa y con sus bolígrafos han dejado sus palabras. Una de las muchas razones por las que Don ha sido tan influyente en mi vida es porque me enseñó la importancia de estar «con» los demás.

No sé lo que Dios pondría en Su mesa si tuviera una. No creo que quisiera que se leyera como un poema o que se admirara como una pintura. Creo que solo querría que dijera «con». No necesitaría una frase de veinte dólares ni un versículo bíblico de treinta palabras. Demostró que la palabra *con* es mucho más grande, más valiosa y más accesible que diez versículos de la Biblia. Tampoco rima con nada, lo cual es una ventaja. No parece una gran declaración teológica, porque no lo es. Es una inmensa declaración teológica. Es el propósito de Dios para nosotros. Es la razón por la que Jesús vino. Es toda la Biblia en una palabra. Las personas que se están convirtiendo en amor están *con* aquellos que sufren y los ayudan a llegar a casa. Siempre he creído que las personas que no querían estar con otras personas aquí odiarían el cielo. Verdaderamente, allí será todo el mundo, siempre.

Me subí a la parte trasera de la limusina y hablé con el conductor por la ventana que nos dividía mientras atravesamos Orlando por la autopista. El conductor era un hombre amigable y cautivador. Después de conducir un corto tiempo, dije: «Sabes, esta es la primera vez que estoy en Orlando, pero si alguien me preguntara qué pienso sobre todos en la ciudad, ¿sabes lo que diría? Yo diría que creo que en Orlando todos son increíbles. ¿Sabes por qué? ¡Es sencillo, porque eres un hombre agradable!».

Pensé que lo contrario también era cierto. Si el conductor de la limusina hubiera sido grosero o agresivo conmigo y alguien me preguntara qué pensaba de todos en Orlando, hubiera dicho: «Creo que todos en Orlando son malos, rudos y agresivos». Ninguna de las afirmaciones sería cierta, pero de alguna manera, debido a la forma en que estamos conectados, cuando conocemos a una persona, sentimos que hemos conocido a todos.

Piénsalo. Si conoces solo a una persona en México, Filipinas, Bolivia o Liechtenstein y sucede algo en uno de esos países, ¿no sientes una afinidad con todo el mundo allí? Parece que hemos conocido a todos en esos países, aunque, obviamente, no lo hemos hecho aún.

Apuesto que esto es lo que quiso expresar Jesús cuando dijo a Sus amigos que las personas entenderían quién era Él al ver cómo nos tratábamos entre nosotros. Al principio pensaba que grandes actos de generosidad o sermones elocuentes o escenarios llenos de personas cantando nos ayudarían a entender el amor de Dios por nosotros. Él dijo que no era nada de esto. Jesús les declaró a Sus amigos que dejar que las personas vieran la forma en que nos amamos sería la mejor manera de que conocieran de Él. No sería porque les dimos muchas orientaciones o instrucciones ni porque memorizaron o estudiaron todas las cosas correctas. Sería porque alguien se encontró contigo o conmigo y sintió como si acabara de conocer a Jesús. Creo que lo que quiso expresar era que quería que cuando alguien conociera a una persona que lo amaba a Él sintiera que acababa de conocer el cielo, y a todos allí.

Viajamos un poco más por la ciudad, y el conductor me habló de su vida y de las personas que amaba. También me contó que había estado conduciendo limusinas durante veinticinco años.

Dije: —¡Oh! Apuesto a que has conocido personas interesantes en ese tiempo, no a mí, por supuesto, pero ya sabes, gente famosa.

Respondió: —Sí, lo he hecho. Realmente voy a extrañar este trabajo, porque me jubilo el próximo mes.

Me recliné en mi asiento, observé pasar las palmeras unos minutos más, y luego tuve un pensamiento. Me incliné hacia adelante y dije a través del cristal:

—Oye amigo, ¿alguna vez has viajado en la parte trasera de una de estas limusinas? Apuesto a que te encantaría. ¡Son geniales!

Se sonrió y declaró: —Por supuesto que no. Me despedirían.

Ahora tenía mi brazo a través del cristal entre el asiento del conductor y los asientos traseros del tamaño de la sala de estar. Creo que incluso saqué un hombro por la ventana.

Insistí: —Oye, te vas a jubilar de todos modos. Detén el carro. ¿Y sabes qué?

¡Lo hizo!

Salí del auto, y cambiamos de lugar. Él se metió en la parte de atrás, me puse el sombrero, salté detrás del volante y fuimos hasta Disney World. Él llegó allí unos quince minutos después que yo, era una limusina bastante larga. Llevo medallas conmigo todo el tiempo. Ellas no tienen nada escrito. Soy abogado, así que las medallas significan lo que yo diga que significan. Abrí la puerta y dejé salir a mi amigo del asiento trasero. Se puso de pie, se arregló la chaqueta y yo todavía llevaba puesto su sombrero. Puse una medalla en su pecho y afirmé:

—Eres audaz. Eres valiente. ¡Eres temerario! ¿Viste cómo di ese último giro?

Le dije palabras de verdad y afirmación con una sonrisa. Le di unas palmaditas en el pecho, lo abracé y entré al hotel.

Cuando el conductor de la limusina se fue a su casa esa noche con la mujer con la que había estado viviendo durante los últimos diez años, ¿crees que le dijo que había conocido a un hombre cristiano ese día que le dijo que iba a casarse? ¡Por supuesto que no! Apuesto a que le dijo que había conocido a un hombre que le dijo quién él era.

Ese es nuestro trabajo. Siempre ha sido nuestro trabajo. Se supone que debemos amar a las personas que tenemos frente a nosotros. Somos nosotros quienes les decimos quiénes son. No es necesario que pasemos todo el tiempo diciéndoles a las personas lo que pensamos sobre lo que hacen. Amar a las personas no significa que tengamos que controlar su conducta. Hay una gran diferencia entre ambas cosas. Amar a las personas significa preocuparse por ellas sin una agenda. En el momento en que nos hacemos una agenda, ya no es amor. Es actuar como si te importara para lograr que alguien haga lo que quieres o lo que crees que Dios quiere que haga. Haz menos de eso, y las personas verán mucho menos de ti y más de Jesús.

Habla constantemente a espaldas de otro. Pero solo habla lo correcto. Habla de Jesús. Habla de la gracia. Habla del amor y la aceptación. Las personas no crecen donde están informadas; crecen donde son amadas y aceptadas. Habla sobre en quiénes se están convirtiendo las personas y en quién los ves convertirse. Y entrégales medallas, muchas de ellas. Las personas que nos rodean deberían estar caminando como el presidente del Estado Mayor Conjunto. Deberían tintinear cuando caminan.

Es así de sencillo: quiero que las personas nos conozcan a ti y a mí y que sientan que acaban de conocer a todos en el cielo.

CAPÍTULO 6

Paracaidismo

*Dios estuvo con nosotros para que ahora
estemos los unos con los otros.*

Mi hijo, Adam, terminó la universidad, y es una persona intrépida. Intentará cualquier cosa una vez, pero lo hará varias veces si es potencialmente mortal. Si no está en riesgo de perder su brazo haciéndolo, por lo general no se mostrará interesado. Este año, comenzó a tomar clases de paracaidismo. Estos no eran los saltos en tándem con los que yo estaba familiarizado, donde un instructor experimentado de paracaidismo está atado al aficionado. Estos eran saltos en solitario.

Como es de entender, se requiere bastante entrenamiento para obtener una licencia de paracaidismo. Además de tomar algunas clases bien complicadas antes de subir al avión, hay unos cuantos saltos en solitario que debes hacer con un instructor cerca, para asegurarse de que no pierdas el control y te impactes. Aunque hay más instrucciones de las que pensé, ciertamente no son tantas como se necesitan.

Cuando los niños crecían, no éramos una familia de las que encuentras en la cancha local cada fin de semana para la Liga Menor de béisbol o fútbol. Hubiera hecho que nuestros hijos se unieran a un equipo solo para poder comer perritos de maíz, pero los niños nunca se interesaron en los deportes organizados, así que no fueron parte de nuestra vida. Ir a la zona de caída cada fin de semana para ver a Adam lanzarse en paracaídas se sentía un poco como lo que imaginaba que sería ir a un juego de las Ligas Menores. Excepto que mi hijo, el torpedero, estaría cayendo desde trece mil pies (cerca de cuatro mil metros) de altura. Un error no forzado en el paracaidismo produce un cambio radical más que una pelota que se escapa entre las piernas cerca de segunda base. Para mí, era más que inquietante verlo cada fin de semana atarse su paracaídas, subirse a un avión sin puerta y volar.

Entrecerraba los ojos mientras miraba hacia el sol para encontrar el avión a dos millas (más de tres mil metros) de altura, observaba cómo Adam saltaba y comenzaba su caída libre. Era más pequeño que la silueta de una hormiga contra el cielo azul brillante. La caída libre parece bastante lenta desde abajo, pero en realidad, el paracaidista está cayendo a 250 pies (casi 80 m) por segundo. Entre el momento en que Adam saltaba del avión y el momento en que se abría el paracaídas, había descendido una distancia mayor que veinte edificios de cien pisos colocados uno encima del otro. Eso es bajar en ascensor a toda máquina. Adam me explicó en un abrir y cerrar de ojos que lo único que tiene que hacer para que el paracaídas se despliegue es buscar detrás de él, mientras cae a 140 mph (más de 200 km/h), una pequeña «pelotita» conectada al paracaídas principal y tirar de ella. Siempre me imaginé que, si fuera yo quien tuviera que buscarla, no sería una pelotita lo que encontraría.

Si el paracaídas principal se abre, da un gran tirón cuando se llena de aire. Si no lo hace, supongo que se vería como acercarse a la tierra en Google Earth a toda velocidad. Sé cuán olvidadizo Adam puede ser a veces, así que mientras caía, yo gritaba desde abajo: «¡Tira de la pelotita! ¡Tira de la pelotita!¡Tira de la pelotita!»

y comenzaba a buscar detrás de mí mientras lo hacía. Después de lo que siempre me parecía demasiado largo, veía que se abría el paracaídas y escuchaba a Adam gritar de emoción y deslizarse en ochos hasta el campo de hierba cerca de la pista.

Algunas personas escuchan villancicos solo en diciembre, pero yo los escucho todo el tiempo. También leen la historia de Navidad solo una vez al año. Yo la leo cada dos de meses. Nos narra que Dios dijo: «He aquí, una virgen concebirá y dará a luz un hijo, y llamarás su nombre "Emanuel"». Unos versículos más adelante declara que «le puso por nombre "Jesús"». Al principio, me preguntaba si quizás María había tenido gemelos.

Emanuel significa «Dios con nosotros». Como padre, sé lo que se siente querer estar con tus hijos. Cuando Dios envió a Jesús al mundo, demostró que no solo quería ser un observador en las vidas de aquellos que amaba. Quería ser un participante. Quería estar *con* los que amaba. Yo también.

Después de meses de llevar a Adam a la zona de caída cada fin de semana, decidí hacer algo inesperado para él. Así que, mientras él estaba en el trabajo una semana, tomé clases de paracaidismo.

Cuando dejé a Adam la semana siguiente, salió del auto, se puso el paracaídas, se abrochó las correas y se subió al avión. Era hora de mi gran revelación, así que salí del auto, me puse un paracaídas sobre los hombros, me abroché las correas y también me subí al avión. Adam tuvo una respuesta retardada cuando me senté a su lado.

—Papá, ¿qué estás haciendo? —preguntó Adam con incredulidad.

—¿Qué tan difícil puede ser? —contesté con un guiño mientras me ajustaba el casco.

El avión puso en marcha sus motores y rodamos por la pista. Cuando Adam y yo estábamos a no muchas millas en el aire, los motores del avión desaceleraron un poco, el piloto encendió una luz verde para hacernos saber que estábamos sobre el campo y nos dirigimos a la puerta. Hay muchas cosas que hacer al prepararse para saltar en paracaídas, por ejemplo: empacar tu paracaídas, hacer un testamento y despedirte de tus seres queridos. Una vez que estás en la puerta para saltar, solo hay tres cosas que recordar: arriba, abajo y afuera. Eso es todo. Practicas esto en tierra varias veces antes de subir al avión. Te balanceas en tus dedos de los pies para que las personas a tu alrededor sepan que estás a punto de irte, te pones de cuclillas como si estuvieras a punto de saltar, y luego sales por la puerta.

Sales del avión a un viento de 100 mph (160 km/h) y desapareces inmediatamente de la vista. Cuando Adam llegó a la puerta, gritó: «¡Nos vemos en tierra!». Se balanceó hacia arriba, hacia abajo y saltó. No es de sorprender que Adam se volteara hacia atrás cuando saltó por la puerta y desapareciera de la vista. No estoy realmente seguro de lo que me sobrevino en el momento, pero fue una sacudida masiva de adrenalina y un deseo abrumador de estar *con* él en el aire mientras caía.

Salté a la puerta, me olvidé de los pasos arriba, abajo y afuera, y me lancé del avión con todo lo que tenía. Salté tan fuerte que se me salieron mis tenis. No es broma. Intenta hacer eso alguna vez. No es fácil, pero así es como luce el fuerte deseo de querer estar *con* alguien.

Iba en caída libre en calcetines y me reí cuando me di cuenta de lo que había hecho. Después de un largo minuto de caída libre, busqué detrás de mí y tiré de la pelotita, el paracaídas se abrió y aterricé en un campo cerca de Adam. Él fingió que no me conocía cuando caminé en calcetines hasta el avión, después que aterricé, para recuperar mis tenis.

Ahora sé un poquito más lo que se siente ser un padre que quiere estar *con* sus hijos. Jesús hizo algo muy parecido a lo que yo hice con Adam. Saltó del cielo para estar con nosotros. He estado observando a Adam durante toda su vida. Sé todo sobre él, y él sabe bastante sobre mí. Sin embargo, hay una gran diferencia entre saber lo que alguien está haciendo y estar *con* esa persona mientras lo hace. Dios sabía que nosotros también comprenderíamos la diferencia. Esta ha sido la forma más fácil de entender la razón por la que Dios nos envió a Jesús. Él no fue enviado porque Dios estaba enojado con nosotros. Él saltó del cielo y vino como Emanuel porque quería ser Dios *con* nosotros.

He realizado muchos exámenes del tribunal en el curso de mi carrera como abogado y he recibido licencia para ejercer la abogacía en varios estados. Cada uno de estos exámenes dura entre dos y tres días, en dependencia del estado, y evalúan todo lo que sabes de la ley. Al final, tu mente se siente como queso Velveeta derretido porque has pasado más de treinta largas horas de pruebas. ¿Adivina cuánto dura la prueba final mientras vas en caída libre para obtener tu licencia de paracaidismo? Medio minuto. No es mentira. Lo único que tienes que hacer es simplemente obedecer lo que se te dice que hagas por solo treinta segundos.

Algunas personas que he conocido, a quienes les agrada mucho Jesús, me han dicho que van a hacer lo que Él les pida que hagan por el resto de sus vidas. Creo que eso es fantástico. Aunque me gustaría declarar lo mismo con la mitad de la confianza que ellos tienen, solo que no puedo. Es fácil hablar de las grandes ambiciones que tienes para tu fe, y la de ellos es ciertamente hermosa. He comenzado varias dietas de esta manera el primero de enero, pero nunca llegué tan lejos como pensaba. Lo que he estado haciendo con mi fe es esto:

en lugar de decir que voy a *creer* en Jesús toda mi vida, he estado tratando de *obedecer* a Jesús durante treinta segundos a la vez.

Aquí está cómo funciona: cuando me encuentro con alguien con quien es difícil llevarse bien, pienso: *¿Puedo amar a esa persona durante los próximos treinta segundos?* Mientras continúa irritándome, cuento en silencio... *veintisiete, veintiocho, veintinueve...* y antes de llegar a los treinta, me digo a mí mismo: *Está bien, voy a amar a esa persona durante treinta segundos más.* Esto es lo que he estado haciendo también con los mandatos difíciles de Jesús. En lugar de estar de acuerdo con todos ellos, estoy tratando de obedecer a Dios durante treinta segundos a la vez y vivir de acuerdo con ellos. Trato de amar a la persona que está frente a mí durante los treinta segundos siguientes como lo hizo Jesús, en lugar de simplemente estar de acuerdo con Jesús y evitarlos por completo, lo cual, lamento decirlo, me resulta más fácil. Intento ver en lo que podrían convertirse algún día las personas difíciles frente a mí, y sigo recordándome esta posibilidad durante treinta segundos a la vez.

Es fácil estar de acuerdo con lo que Jesús enseñó. Lo difícil en realidad es hacer lo que Jesús hizo. Para mí, estar de acuerdo es barato y obedecer es costoso. Obedecer es costoso porque es incómodo. Me hace crecer tras cada decisión y cada discusión. Me hace alejar mi orgullo. Estas son las decisiones que no se toman una sola vez en la vida; se toman treinta segundos a la vez.

Cuando vas a obtener tu licencia de paracaidismo, la mayoría de la clase no habla de lo que sucede cuando las cosas salen bien y el paracaídas se abre correctamente. En cambio, te preparan para lo que debes hacer cuando no lo hace. Eso me pareció una buena idea. Una de las cosas que te enseñan parece contra intuitiva. El paracaídas está conectado a tu arnés por cientos de cuerdas pequeñas. Cuando se abre, se supone que debes mirar hacia arriba y ver si todas las cuerdas están donde se supone que deben estar. Si hay solo una cuerda atrapada en la parte superior del paracaídas, te indican que cortes todo el paracaídas, comiences la caída libre de nuevo y luego tires de la anilla de emergencia. Recuerdo haber pensado: *¿Estás bromeando? De ninguna manera voy a cortar un paracaídas casi perfecto porque una pequeña cuerda de cientos de ellas esté fuera de lugar. Es lo suficientemente bueno, ¿verdad?* Aquí está el problema. Si tan solo una cuerda queda atrapada sobre la parte superior, entonces el paracaídas parecerá que está bien mientras estás en el aire, pero nunca podrás aterrizarlo. No te darás cuenta de esto hasta que te acerques al suelo y te golpees con fuerza. Lo mismo ocurre con nuestra vida.

He intentado volar mi fe más de un par de veces con algunas cuerdas fuera de lugar. Quizás tú también. Era colorido y se veía bien por fuera. Para la mayoría de las personas, incluso parecía estar volando como se suponía. No estaba tratando de fingir o de ser un fraude. La mayoría de nosotros no tratamos de hacer eso. Aunque sabía que tenía una o dos cuerdas en la parte superior, la idea de cortar todo y comenzar de nuevo me parecía excesiva. Parecía imprudente, inseguro. Tal vez a ti también te parezca. Sin embargo, a Jesús no. Él declaró que quería que nos convirtiéramos en nuevas creaciones. Su plan para nuestra renovación es que eliminemos todas las cosas que son impedimento y que volvamos a empezar cada día con Él. Habló de cortar cosas que nos enredan, y más que paracaídas, pero el concepto es el mismo. Cuando tenemos las cosas equivocadas en la parte superior de nuestra vida, todos nos veremos bien por un corto tiempo, pero no podremos hacer un buen aterrizaje. Si tienes una o dos cuerdas en la parte superior de tu vida, córtalas. ¿Será aterrador? Puedes apostar. Hazlo de todos modos.

Hay una última cosa que el instructor nos enseñó en clase. Dijo que, si el paracaídas principal no se abre, y el paracaídas de reserva tampoco, tienes unos cuarenta y cinco segundos antes de que toques el suelo y dejes tu huella. Me sorprendió y me pareció un poco fuerte cuando el instructor declaró que golpear el suelo no es lo que te mata. Por supuesto, todos los huesos de tu cuerpo se romperán. Pero después de caer al suelo, rebotarás, y es la segunda vez que te golpeas lo que te mata porque los huesos rotos perforan todos tus órganos. Sé que es un poco descriptivo, pero es cierto.

Soy abogado, así que, con esta información en mente, pensé que necesitaba una estrategia. Aquí está la mía: si ninguno de los paracaídas se abre, cuando toque el suelo, voy a agarrar el césped y evitar el rebote. Lo que es verdad en el paracaidismo es verdad en nuestra vida. Por lo general, no es el fracaso inicial lo que nos deja fuera; es el rebote. Todos nos hemos golpeado duro en el trabajo o en una relación o con una gran ambición. Ya sea que tuvimos un gran fracaso público o uno privado aún mayor, el fracaso inicial no aplastará nuestro espíritu ni matará nuestra fe; es el segundo golpe el que lo hace. El segundo golpe es el que viene cuando las cosas salen mal de manera general o fallamos a lo grande, y las personas que creíamos que se apresurarían a socorrernos, se alejan. Expresan desaprobación o nos tratan con una indiferencia cortés.

Si queremos ser como Jesús, aquí está nuestro trabajo sencillo y valiente: atrapa a las personas en el rebote. Cuando se equivocan, acércate a ellos con amor y aceptación como lo hizo Jesús. Cuando se golpeen con fuerza, corre hacia ellos con los brazos abiertos para abrazarlos aún más fuerte. Dios quiere estar *con* ellos cuando se equivocan, y quiere que participemos.

Sigo poniéndome el paracaídas y subiendo al avión con Adam los fines de semana. Que se sepa la verdad, no me gusta el paracaidismo tanto como a él, pero me gusta mucho Adam. Descubre lo que las personas que amas quieren hacer y luego ve con ellos. Si Adam quisiera hacer pizzas, yo cultivaría los tomates. Estén los unos con los otros. No te limites a solo recopilar información sobre las personas que han fallado en grande o que tienen necesidad, ve a estar *con* ellos. Cuando llegues allí, no solo quédate cerca, sino hazte presente. Atrápalos. No trates de enseñarles. Hay una gran diferencia.

No necesitamos un plan para hacer estas cosas. No tenemos que esperar el momento justo. Solo tenemos que presentarnos, tomar un paracaídas, y cuando sea el momento, saltar detrás de las personas, aun dejando nuestros zapatos, de la manera en que Jesús saltó del cielo para estar con nosotros.

A veces hacemos que amar a las personas sea mucho más complicado de lo que Jesús lo hizo. No necesitamos nada más. Solo arriba, abajo y afuera.

CAPÍTULO 7

Un día en el museo

No importa cómo luce nuestra fe;
importa lo que es.

¿Has estado alguna vez en Madame Tussauds? Es un museo de cera. Es donde todas las abejas van a retirarse. Hay varios de estos museos alrededor del mundo, y he estado en todos ellos. A veces le pregunto a la persona que vende los boletos de entrada dónde puedo encontrar una mecha y algunos fósforos, solo para ver la respuesta. Pero no estoy fascinado con las estatuas de cera. Me encanta mirar a las personas reales que van a los museos para ver las estatuas de cera. Hazlo alguna vez. Sinceramente, vale la pena el precio de la entrada.

Todos están allí: Abraham Lincoln, George Washington, Elvis. Es como una reunión de los muertos. Si estuviera a cargo del museo de cera, tendría una exposición de una persona con mucho vello corporal, encerándose. Nadie lo entendería, por supuesto, pero aun así pensaría que es bastante divertido.

Hace un tiempo estuve en Washington D. C., para algunas reuniones. Me puse un traje negro, una gabardina y mi mejor corbata. Con mi pelo blanco y mis patillas, parecía un senador. Tenía a los niños conmigo y podía notar que estaban un poco aburridos, así que les pregunté: «Niños, ¿quieren ir al museo de cera?». Nunca había ido, así que aprovecharon la oportunidad. Llegamos a Madame Tussauds y corrimos escaleras abajo hacia donde estaban todas las estatuas de cera. Cuando llegamos allí, solo por diversión, adopté una pose entre el tercer y el cuarto hombre de cera en exhibición. Les susurré a los niños: «Miren esto». Todos sacudieron la cabeza y dijeron: «Papá, por favor, ¿podrías actuar de acuerdo a tu edad?». Puse mi dedo en mis labios y susurré: «Lo estoy haciendo».

Pude escuchar a unas personas que venían, así que me congelé. Dos ancianitas se dirigían hacia mí. Cuando doblaron la esquina, caminaron hasta donde estaba y se acercaron tanto a mi rostro que era incómodo. Una de las ancianas lamió su dedo y tocó mi mejilla. Pensé en empujarla, pero no lo hice. La otra extendió su mano y tiró de mis patillas con sus dedos apretados. Se miraron con asombro y luego volvieron a mirarme y dijeron: «Se ve muy real».

Como soy abogado, sabía que no podía moverme. Estaba casi seguro de que una o ambas tendrían infartos cerebrales y alguna terminaría siendo dueña de mi casa. Así que me congelé y lo tomé como si fuera un hombre de cera. Después de uno o dos minutos, pasaron a la siguiente estatua y comenzaron a pellizcarle la cara y a ponerse su ropa. Cuando estaban a una distancia segura, vi cómo miraban hacia atrás con el rabillo del ojo. Di un paso hacia adelante, las saludé con la mano y pronuncié las palabras: «No soy de cera». Una de las damas dejó caer el bolso y se quedó inmóvil. Mientras tanto, Lindsey, Richard y Adam corrían hacia la salida para pedir un taxi y así escaparnos rápidamente.

¿Sabes lo que comprendí sobre mí ese día? Soy muy bueno adoptando poses. Quizás por eso soy un abogado bastante exitoso. Verás, sé cómo fingir muy bien. Probablemente tú también. La mayoría de nosotros hemos adoptado poses en un momento u otro, si somos honestos. Las personas que se están convirtiendo en amor dejan de fingir quiénes son y en qué posición están en sus vidas y en su fe.

Cuando estaba en la secundaria, había un truco que se hacía cuando alguien que tenía dieciocho años quería pasar por alguien que tenía veintiuno. Si su año de nacimiento terminaba en nueve, podía tomar su licencia de conducir, quitar el nueve con una cuchilla de afeitar, voltearlo y pegarlo nuevamente como un seis. Esta inversión hacía que en la licencia apareciera que era tres años mayor de lo que realmente era. Este era un delito grave y podía llevarte a la cárcel, pero podías ganar al instante tres años de edad.

Ahora las licencias son un poco más sofisticadas de lo que eran en aquel momento. Pero todavía existen muchas personas que cortan partes de su vida, les dan la vuelta y pretenden ser alguien que aún no son. Todos lo hacemos en mayor o menor medida. No es por razones maliciosas. Todos tenemos esta idea de quiénes queremos ser, así que mientras llegamos allí, es fácil fingir que somos mayores, o más inteligentes, o incluso que creemos en Dios más de lo que en verdad creemos. Cuanto más tiempo lo hemos estado haciendo, mejor lo logramos, o eso parece. Por supuesto, Dios ve a través de eso, y muy a menudo las personas que nos rodean también lo hacen. Lo triste es que, por lo general, solo nos engañamos a nosotros mismos.

Somos tan buenos engañando a otras personas y leyendo nuestros propios recortes de noticias sobre quiénes somos, que terminamos creyendo que hemos arribado a un lugar que todavía no hemos alcanzado. Es por eso que algunos compramos casas o autos o barcos costosos que en realidad no podemos pagar. Nos hemos engañado a nosotros mismos pensando que podemos pagarlo ahora, cuando en realidad no podremos costearlo durante algunos años. Es por eso que tomamos posiciones de liderazgo o subimos a los escenarios cuando aún estamos trabajando en lo básico en nuestra propia fe. Es como si hubiéramos volteado el nueve y lo hubiéramos convertido en un seis. Pero Dios ve a través de las cosas que inventamos en nuestra vida.

En la Biblia aparece la historia de un hombre y su esposa llamados Ananías y Safira, quienes vendieron algunas propiedades. Vivían en una comunidad donde se suplían las necesidades de todos y ellos querían hacer su parte, por lo que vendieron sus tierras. Cuando leí esta historia por primera vez, me quedé impresionado por la generosidad de ellos. No he conocido a nadie que haya vendido una casa o un terreno y haya donado el dinero a la iglesia local o al centro comunitario. Quizás una podadora de césped, un par de libros usados, una computadora portátil obsoleta o un colchón viejo, ¿pero todo el dinero de la venta de sus tierras…? Nunca he oído hablar de nada ni siquiera parecido.

Hay una colina detrás de nuestra casa en San Diego. Mi dulce esposa, María, me dice que la suba para hacer un poco de ejercicio. Me siento bien durante unas tres rondas de ida y vuelta antes de estar agotado. Una semana, quise impresionarla y demostrar que estaba en gran forma. Le estuve contando toda la semana cómo iba a escalar la colina cinco veces el sábado. Le dije el lunes y el martes: «¡Voy a subir esa colina cinco veces el próximo fin de semana!». Le dije lo mismo el miércoles y el jueves: «Voy a subir esa colina cinco veces el próximo fin de semana». Le repetí lo mismo el viernes: «¡Voy a subir esa colina cinco veces!». Finalmente llegó la mañana del sábado. Me puse los zapatos y me dirigí a la colina. Cuando regresé, mi dulce María me preguntó cuántas veces la había subido. Hinché el pecho y con cinco dedos extendidos dije con mi voz más masculina: «¡Subí esa colina cinco veces!».

Luego lo pensé por un segundo.

Solo la había subido tres veces, como siempre.

No estaba tratando de mentir ni engañar a nadie. Lo que sucedió fue simplemente esto: me dije a mí mismo en tantas ocasiones que iba a subir esa colina cinco veces el sábado que en realidad creí que lo había hecho.

Lo mismo sucede en nuestra fe. Esperamos que les sucedan cosas buenas a las personas necesitadas. Lo esperamos, lo esperamos y lo esperamos un poco más. Al hacerlo, nuestro cerebro puede engañarnos para que pensemos que en realidad estamos ayudando. Pero la esperanza no es ayuda. La esperanza es solo esperanza. No te dejes engañar. Sucede con facilidad.

Ananías y Safira amaban mucho a Dios. Vendieron sus tierras y donaron todo el dinero, bueno, casi todo. Apuesto que el lunes y el martes Ananías le dijo a Dios y a todos los que lo rodeaban que iba a vender su tierra y a donar el dinero. Probablemente dijo lo mismo el miércoles y el jueves: «Lo voy a donar todo». Quizás el viernes le haya dicho a todos lo mismo una vez más: «Voy a entregar todo el dinero». El sábado fue donde sus amigos, y ellos le preguntaron cuánto había allí. Ananías dijo con orgullo: «¡Todo!». Tal vez recuerdes cómo continúa la historia. Había guardado parte del dinero para él y su esposa. Era algo completamente razonable. Yo lo hago todo el tiempo, pero a ellos no les fue bien.

Ananías se estaba haciendo pasar por alguien que aún no era, y él y su esposa cayeron muertos. Suena más que fuerte. Arrojamos un par de billetes de un dólar envueltos en uno de veinte en el plato de la ofrenda y nos sentimos grandiosos. Donamos un poco a una organización benéfica y obtenemos una pulsera o lanzamos unos cuantos dólares en una campaña masiva de proyectos creativos y obtenemos un álbum o un suéter con capucha. Nos sentimos estupendos. Aun cuando Ananías y Safira hubieran entregado solo una cuarta parte del dinero que obtuvieron de la venta de sus tierras, apuesto a que habrían superado mi año más generoso. Entonces, ¿por qué murieron?

No creo que alguien lo sepa con seguridad. Sin embargo, mi mejor conjetura es que Dios vio que estaban aparentando una imagen falsa y no estaba contento con eso. Ellos les decían a todos a su alrededor que estaban en una posición a la que aún no habían arribado. Probablemente querían ser las personas que lo regalarían todo. No estaban tratando de engañar a los demás. Quizás habían dicho lo que esperaban hacer tan a menudo que en realidad pensaron que lo habían hecho. El hecho era que no estaban allí todavía. Yo tampoco. Es el problema que enfrentamos todos los que adoptamos poses falsas.

Palabras desalentadoras salieron de la boca de un hombre llamado Pedro, a quien le habían dado el dinero: «No has mentido a los hombres, sino a Dios». Todos hacemos esto mucho más de lo que nos gustaría admitir. Cada vez que fingimos delante de las personas como si estuviéramos en una posición diferente a la que realmente estamos, terminamos regresando al museo de cera.

No creo que Dios esté en el ánimo de hacer morir a las personas que tergiversan la posición en la que se encuentran con Él. Si así fuera, ¿quién quedaría en pie? Sin embargo, la historia de Ananías nos permite saber cuán importante es para Dios que seamos realistas, transparentes y honestos sobre el lugar donde estamos realmente, en vez de fingir y aparentar que somos alguien que solo esperamos ser algún día. Creo que Dios puede usarnos dondequiera que estemos. La Biblia está llena de historias de personas que se equivocaron. Parece que el fracaso en el mundo era un requisito para el éxito con Dios. Las personas que se están convirtiendo en amor mantienen bien claro quiénes son en este momento, mientras viven con una anticipación constante de en quién Dios les está ayudando a convertirse.

Cuando se realizan películas en Hollywood, el director tiene un asistente con una claqueta en blanco y negro, quien se para frente al actor y hace un ruido cuando las cámaras empiezan a rodar. Esto da un marcador para que el cineasta sincronice el audio y el video más tarde. Todos hemos visto películas malas en las que el audio no está sincronizado con el video. Lo que escuchas no está alineado con lo que ves que las personas están diciendo. Por lo general, no es una gran diferencia, pero puede convertirse en una gran distracción.

Mi hijo Richard es un chico increíblemente talentoso y creativo. Hace videos como un profesional y me estaba ayudando con uno de los míos. No teníamos una claqueta cuando filmábamos, por lo que Richard me hacía dar una palmada de aplauso como marcador para sincronizar el audio y el video. En estos días, cuando me dirijo a un grupo de personas y comienzo a hablar del hombre que desearía ser en lugar de la persona que soy ahora, doy una palmada para recordarme que tengo que sincronizar lo que estoy diciendo con lo que estoy haciendo.

Todos debemos tener hermosas aspiraciones para nuestra vida y en quién podemos convertirnos, pero también debemos sincronizar esto para que no nos engañemos creyendo que ya hemos llegado a un lugar en nuestra fe en el que solo hemos estado pensando llegar algún día.

¿Has notado que cuando las personas se fotografían entre sí la que toma la foto por lo general también sonríe? Compruébalo tú mismo. Creo que Dios hace lo mismo cuando nos ve. Él no está tratando de destruirnos cuando fallamos o cuando fingimos ser otra persona. Él no cuelga fotografías de nuestros errores en el refrigerador. Dios no tiene la intención de castigarnos con recordatorios; en cambio, nos persigue con amor. Él no hace una mueca de disgusto por nuestros fracasos; Él se deleita en nuestros intentos.

Aquí está la cuestión: cuando actuamos como alguien que no somos, a menudo es porque no estamos contentos con lo que somos. Quizás pensamos que necesitamos el permiso, el amor o la aprobación de otros antes de poder vivir nuestra vida y perseguir nuestras hermosas aspiraciones. Eso es bueno y malo a la vez. Es bueno si nos hace querer buscar más el amor y la aprobación de Jesús. Pero es malo si olvidamos el hecho de que Dios nos hizo únicos y nos enfocamos en ser quienes otros piensan que deberíamos ser. Dios nunca ha mirado en tu espejo o en el mío deseando ver a alguien más.

Cada vez que simulamos y no somos auténticos, hacemos que el amor de Dios por nosotros también parezca falso. Él no tiene una estatua de cera de nosotros en algún lugar que luce más inteligente, más alta, más baja, más delgada o mejor formada que nosotros. Él no quiere que nos veamos diferentes. Él quiere que nos convirtamos en amor. No sucederá porque hablemos de quién deseamos ser una y otra vez o porque nos demos suficientes afirmaciones positivas en el espejo. Solo el amor tiene el poder de llevarnos hasta allí.

Dios no está meneando Su cabeza con desaprobación mientras nos dirigimos hacia Él. Al contrario, Él tiene Sus brazos extendidos, dándonos la bienvenida a casa con amor. Estoy seguro de que si pudiéramos escuchar lo que piensa, lo escucharíamos susurrar: «Has llegado hasta aquí. Sigue moviéndote hacia mí».

¿Quieres hacer algo asombroso para Dios? Cambia la apariencia de estar cerca de Dios por el poder de estar realmente cerca de

Dios. Deja de hablar de un gran juego y vive una gran fe. Uno de los amigos de Jesús declaró que, si queremos hacer las cosas bien, necesitamos vivir una vida digna del llamado que hemos recibido. El llamado es amar a Dios y a las personas que nos rodean mientras vivimos en la versión más auténtica de nosotros mismos. No fuimos solo una idea que Dios esperaba que funcionara algún día. Fuimos una de Sus expresiones de amor más creativas.

Quítate la cera. No finjas. Sincronízate. Ve y sé tú mismo.

CAPÍTULO 8

La pizzería

Lo que hemos estado recolectando quizás no valga la pena.

Hay una pizzería cerca de nuestra casa. Me encanta ese lugar, en cierto modo. Ellos hacen mucho ruido allí. Estoy seguro de que es el lugar donde se fabrica todo el ruido del universo. Sospecho que tienen máquinas en las habitaciones de atrás llenas de tanques de cosas. Apuesto a que se dejan caer en medio de la noche después de los juegos de baloncesto de la escuela secundaria donde se recolecta el ruido en barriles. Probablemente la NASA envía a sus astronautas a este lugar para prepararlos para el ruido ensordecedor de los lanzamientos de cohetes. Mi mejor conjetura es que el ruido que no transmiten a los salones de la pizzería lo venden a las bandas de música metal para que los chicos puedan sincronizarse. El resto se libera a la atmósfera. En realidad, es lo que está derritiendo todas nuestras capas de hielo.

Cada uno de los establecimientos de la cadena de pizzerías funciona con la venta de dulces, pero también sirven pizza. Mucha pizza. Algunas personas piensan que sabe a comida para perros, pero a mí me gusta. Una cosa que no entiendo es que su mascota es un animal para el que nosotros solíamos colocar trampas en toda la casa. ¿A qué tipo de mercadotecnia se le ocurre esto? Para mí, esto parece una gran demanda colectiva que está por suceder.

También hay muchos juegos. Algunos de ellos otorgan boletos a los jugadores. Creo que es por eso que todos soportan todo el ruido y la pizza que no les gusta. Han descubierto que la gente hará casi cualquier cosa por un puñado de boletos. Un juego siempre fue el favorito de nuestros niños. Se llama Skee-Ball. Es como una bolera en miniatura junto con una rampa de patineta. Hay hoyos en el extremo final que siempre parecen ser más pequeños que las bolas que lanzas hacia ellos. Si una de las bolas logra entrar en un hoyo, lo cual ocurre con poca frecuencia, las luces destellan y unos cuantos boletos rojos salen del juego. Si lo deseas, puedes canjear estos boletos por premios en un puesto cerca de la puerta.

Había llevado a mis hijos a esta pizzería por años y pasábamos la mayor parte del tiempo jugando Skee-Ball. Nos hicimos bastante buenos en eso. Solo unas pocas de las bolas que lancé volaron cerca de las ventanas de la tienda contigua. Guardamos todos nuestros boletos en una caja de zapatos durante mucho tiempo para poder cambiarlos algún día y obtener algo realmente fantástico. Finalmente, después de años de recolectar boletos, fui al mostrador de premios con mi caja. Apuesto a que tenía mil boletos. Pensé que iba a conseguir un Porsche. Lancé los boletos rojos en el mostrador como si fueran salmón y yo el capitán de un gran barco pesquero de Alaska.

El hombre que estaba detrás del mostrador contó mis boletos una vez y los contó de nuevo para asegurarse de que lo había hecho bien. Cuando terminó, ¿sabes lo que me dieron? ¡Un lápiz! Eso fue todo lo que obtuve a cambio de casi mil boletos. Y el lápiz ni siquiera tenía una goma de borrar. Dijo que necesitaba 500 boletos más para obtener un lápiz con goma. Me alejé murmurando: «¡Apestas, amigo de la pizza!». Lo que no supe hasta que finalmente llegué al mostrador de premios era que todos estos boletos que había estado guardando durante años no tenían ningún valor. Las personas que se están convirtiendo en amor dejan de coleccionar boletos. No hacen cosas buenas para Jesús pensando que obtendrán un montón de boletos que pueden cambiar algún día por una goma de borrar llena de gracia. Esto se debe a que no creen que la gracia sea algo que podemos intercambiar por buena conducta. Ellos no se tragan el anzuelo y recolectan lo que no tiene ningún valor para Dios. Ellos evitan toda la atención porque ya no la necesitan. Se dan cuenta de que las luces brillantes no necesitan reflectores. En cambio, ven cada acto de amor desinteresado como una declaración de su fe. Han llegado a ver el amor como su propia recompensa simplemente porque agrada a Dios.

Estas mismas personas que se están convirtiendo en amor también dejan de contar los boletos de otras personas. En lugar de evaluar lo que otros hacen, los ven como personas que están en su propia aventura con Dios. No dejan de contar porque no les interesa; simplemente están tan ocupados con lo que Dios está haciendo en el mundo, que ya no importa.

Inicié una organización hace años. El sitio electrónico explicaba algo sobre la manera en que estábamos salvando a toda una generación de ugandeses. En un momento, tuve que preguntarme a mí mismo por qué sentía que necesitaba exagerar lo que estábamos haciendo. ¿Toda una generación? ¿De verdad? No lo creo. Teníamos 500 niños en la escuela de un país de 44 millones. Las personas como yo, que exageran lo bueno que hemos hecho, por lo general lo hacemos porque buscamos validación. Somos contadores de boletos. Estaba haciendo una gran algarabía de mis pequeños actos de bondad. No tenía una mala intención, sino una confusa. Las personas que contamos boletos no estamos seguras de cuánto Dios nos ama, por lo que erróneamente intentamos cuantificar cuánto lo amamos a Él al ofrecerle éxitos, logros, estatus o títulos. Aquí está el problema: estos son solo un montón de boletos que no significan nada para Él. Él quiere nuestro corazón, no nuestra ayuda.

Ese mismo sitio electrónico abochornante también decía que estábamos «sirviendo a los más pobres de los pobres». Parecía que estaba pasando por encima de los pobres y llamándolos impostores mientras buscaba a los «más pobres de los pobres» para poder ayudarlos. Mi inseguridad me hizo parecer como si fuera más noble ayudar a los más pobres de los pobres, que a los simplemente pobres. Estoy seguro de que el cielo hace una mueca de disgusto cada vez que hago cosas como esta. Lo que había hecho era todo sobre mí y, repito, Jesús nunca será el centro de nuestra vida si seguimos haciendo todo sobre nosotros mismos.

Si vamos a cambiar, necesitamos tomar algunas de las palabras familiares que describen lo que hacemos y sustituirlas por las que Jesús usó. Por ejemplo, generalmente estoy sirviendo a las personas hasta el momento en que les cuento a todos cómo estoy sirviendo a todo el mundo. Cuando hago eso, hago que todo se centre en mí. Ya no necesitamos ir a «viajes misioneros». Los amigos de Jesús nunca los llamaron así. Sabían que el amor ya tenía un nombre.

He conocido a algunos misioneros extraordinarios y valientes. Tal vez tú también. Pero para muchos, cuando piensan en misioneros, piensan en españoles con coraza, un galeón y la gripe, y luego todos los indígenas muertos. En lugar de decir que eres misionero, ¿por qué no ir a algún lugar para aprender sobre tu fe de las personas que encuentras allí y ser tan útil como puedas? Lo bueno es que la mayoría de las personas que conozco que hacen «viajes misioneros» ya están haciendo exactamente eso. Tampoco necesitamos llamar a todo lo que hacemos «ministerio». Solo llámalo martes. Eso es lo que hacen las personas que se están convirtiendo en amor. ¿Salvar a toda una generación? ¿Los más pobres de los pobres? ¿Servicio? ¿Misioneros? ¿Ministerio? Antes de empezar a ser más selectivo con lo que digo, hacía que todo fuera sobre mí. Sin embargo, el mensaje de Jesús al mundo es tan sencillo como desafiante: ya no se trata de nosotros; es sobre Él. No hay nada de malo en combinar camisetas y pulseras. Solo que ya no lo necesitamos. Las personas que se están convirtiendo en amor ya no necesitan ser el centro, porque ya no buscan el aplauso ni la validación de los demás. Han experimentado que dar el amor de Dios es su propia recompensa. Tampoco tienen que escribir «Jesús» como la dirección de retorno de cada cosa amorosa que han hecho. Las personas que se están convirtiendo en amor imparten su amor libremente sin pensar en quién se lleva el crédito. Jesús no necesita crédito, y nosotros tampoco deberíamos. Cuando los cielos mismos declaran Su gloria, Él no necesita nuestro respaldo.

Algunas personas te dirán cuántas veces han hablado de Jesús a alguien durante el día como si estuvieran llevando cuenta. No estoy muy seguro de por qué. Si mantuviera un registro de las veces que menciono a mi dulce esposa María de la manera en que algunas personas lo hacen con respecto a Jesús, ella pensaría que estoy loco. No puedo imaginar llegar a casa y decir: «Cariño, mencioné tu nombre cinco veces hoy. Una vez junto al dispensador de agua fría y otra vez a alguien que estaba pasando por un momento realmente difícil, y otras tres en una esquina a personas que no conocía». Probablemente se detendría con gentileza durante un minuto, verificaría mis pupilas para ver si estuve tomando drogas, y luego, con tristeza, me preguntaría: «¿Estás llevando un registro?». Llevar un registro de cuántas veces he mencionado a mi dulce María no sería evidencia de un matrimonio genial. Sería la evidencia de una relación perdida.

¿Qué pasa si simplemente hablamos de las cosas que amamos? La gente hace eso con los deportes, los autos, la música y la comida. Ninguno de ellos lleva un registro de cuántas veces mencionan estas cosas. Hablamos de lo que más amamos. Las personas que se están convirtiendo en amor hablan mucho más de lo que Dios está haciendo que de lo que ellos hacen porque dejaron de llevar la cuenta.

La próxima vez que te sientas tentado a jactarte, solo di en voz baja: «No se trata de mí». Repítelo una docena de veces al día, mil veces al mes, cuando despiertes y cuando vayas a dormir. Dilo una y otra vez: «No se trata de mí. No se trata de mí». Dilo cuando bendices una comida o haces algo maravilloso o desinteresado o cuando ayudas a las personas que sufren. Hazlo tu himno y tu oración. Cuando llevamos un registro de lo bueno que hemos hecho o cuando amamos a las personas con una agenda, ya no es amor; es solo un montón de boletos. Podemos llevar la cuenta de todo lo bueno que hemos hecho o de todo lo bueno que Dios ha hecho. Solo una realmente nos importará. Al final, ninguno de nosotros quiere descubrir que cambiamos la gran vida de la que Jesús habló por una caja llena de reconocimientos inútiles.

Uno de los desafíos que tengo al no llevar un registro de todo lo que he hecho por Jesús es que lo recuerdo todo. No es que lo intento, sino que lo recuerdo. Me siento como el hermano autista en la película *Cuando los hermanos se encuentran*. Recuerdo todo lo bueno que he hecho por alguien. Hay un problema mayor. Recuerdo a todos los que alguna vez me hicieron daño o hicieron algo que pensé que era injusto. Soy abogado. Supongo que viene con el oficio. He realizado y aprobado en el primer intento el examen para obtener la patente en tres estados. Para uno de ellos, solo estudié durante una semana y media antes de hacerlo. ¿La razón? Puedo memorizar cosas. Y eso me ha impedido convertirme en amor, porque las personas que se convierten en amor ya no llevan un registro. No memorizan lo bueno o lo malo que ellos o cualquier otra persona haya hecho. En cambio, ellos memorizan la gracia. Jesús tampoco hizo ningún calculo relacional. Simplemente se convirtió en Amor, y el mundo nunca más ha sido igual.

La promesa de amor y gracia en nuestra vida es la siguiente: nuestro peor día no es lo suficientemente malo, y nuestro mejor día no es lo suficientemente bueno. Hemos sido invitados porque somos amados, no porque lo merecemos.

CAPÍTULO 9

Desde la ventana del faro

Todos tocan algunas notas falsas;
sigue tocando tu canción.

Mis padres me hicieron tomar clases de piano cuando era niño. No hubo discusión. Dijeron que sería bueno para mí, algo así como espinacas para mis dedos. Una vez a la semana, una anciana con una chaqueta de punto color pastel se sentaba a mi lado junto al piano con una postura perfecta, mirando por encima de mi hombro mientras yo tocaba las teclas con ineptitud. Ella siempre parecía estar frunciendo el ceño, como si estuviera tatuado en su rostro. Cada nota errónea se agravaba con su ceño fruncido, sus muecas y sus gruñidos de desaprobación. A veces tocaba notas falsas a propósito, solo para ver su cara arrugada doblarse como un origami.

Después de seis meses de práctica, llegó el momento de mi primer recital. Seríamos dos los que tocaríamos esa noche: Greg y yo. Greg iba a mi escuela primaria y tenía la misma aburrida maestra de piano que yo. Íbamos a tocar la misma melodía. A pesar de que yo había estado practicando durante mucho más tiempo, sabía que él acabaría tocando la canción mejor que yo. Greg era el tipo de niño que es bueno en todo. Era el chico más talentoso y confiado de la escuela primaria y, de alguna manera dirigía toda una habitación cuando entraba. Jugaba deportes, era bueno en matemáticas, daba discursos, comercializaba maíz a plazo, reconstruía motores; y solo tenía nueve años.

Greg llegó al recital en un esmoquin con sus iniciales grabadas en las mangas y un pañuelo doblado en el bolsillo. Se sentó derecho al piano, estiró hacia atrás la cola de su traje y tocó con elegancia una canción llamada «Desde la ventana del faro». Tocó con tanta perfección que pensé que debía ser el descendiente mágico de Beethoven y Elton John. Sus dedos estaban perfectamente arqueados como un águila americana. Incluso cruzó sus manos mientras tocaba, como lo hacen en las películas. Cuando puso el último acorde, levantó ambas manos flexionadas sobre su cabeza. Permaneció en esa posición durante un tiempo extrañamente largo mientras la habitación explotaba en aplausos. La grandeza acababa de llegar a la tierra, era Greg.

Luego llegó mi turno. Caminé por el escenario con pantalones a cuadros y un suéter urticante que mi mamá me había comprado. Levanté la vista hacia los miembros de la audiencia, que se inclinaban hacia delante con gran anticipación después de la actuación épica de Greg. Luego miré las teclas. Había tantas. No recordaba si debía comenzar con las negras o las blancas, así que empecé con ambas y a tientas trataba de descifrar la canción. Fue horrible en verdad. No había faro. No había ninguna ventana.

Mi interpretación estuvo llena de errores, pausas vergonzosas y repeticiones. Me tomó el doble de tiempo que a Greg terminar la canción. En lugar de finalizar con los dedos arqueados sobre mi cabeza, dejé caer con peso mi frente sobre las teclas, mis brazos colgando, y comencé a llorar. Estaba tan abochornado. Charlie Brown no podría haber lucido más lamentable. Algunas personas aplaudieron para romper el incómodo silencio mientras salía del escenario con la cabeza gacha. Me sentía humillado. Ese fue el día que dejé de tocar piano.

Años más tarde, en la universidad, vivía en un dormitorio frente al edificio de música. Había un gran auditorio y un piano de cola negro en el escenario. Pasaba por allí varias veces al día en mi camino hacia y desde las clases. A veces miraba adentro para ver si alguien estaba tocando el piano, pero nunca había nadie. Ver el piano me trajo recuerdos dolorosos de mi vergonzoso recital tantos años antes. Para mí, parecía una carroza fúnebre con teclas blancas y negras. Me recordaba el día en que fracasé frente a todos.

Un día, sin ninguna razón en particular, abrí la puerta del auditorio, caminé por el pasillo entre cientos de asientos vacíos de terciopelo rojo, me subí al escenario y me senté al piano. No tenía puesto un pantalón a cuadros ni un suéter cárdigan, pero de inmediato sentí que era el mismo niño, con miedo de volver a tocar y aterrorizado de detenerme si lo hacía. Sin embargo, decidí que iba a intentar de nuevo «Desde la ventana del faro».

Me senté derecho, doblé los dedos como Greg y empecé a tocar. ¿Y sabes qué? Logré hacerlo. Toqué todas las notas perfectamente. Si hubieran sido los Juegos Olímpicos, hubieran lanzado confeti en todas partes y la gente habría estado encendiendo antorchas, saltando fuera de los barrotes y dando volteretas en las alfombrillas mientras los jueces sostenían en alto números de dos dígitos. Apuesto a que probablemente una foto mía sentado al piano de cola hubiera terminado en una caja de cereal.

Hacía más de diez años desde mi fatídico recital de piano. No tenía partituras. Ni siquiera había pensado en «Desde la ventana del faro» ni había tocado un piano por mucho tiempo. Sin embargo, toqué sin fallos. Al terminar las últimas estrofas, toqué el último acorde, haciendo que mis dos manos cayeran sobre las teclas como si fuera un vikingo. Mis dedos aterrizaron con innegable poder, autoridad y pasión. Lentamente, levanté mis dedos arqueados sobre mi cabeza y luego los mantuve allí durante un tiempo bastante largo.

Me preguntaba: *¿Cómo puede ser esto?*

Simple.

No había público, no había focos.

Y el recuerdo de una acción aprendida por la práctica.

La diferencia entre el gran jazz de improvisación y los grandes recitales clásicos es sencilla: en el primero, no hay notas falsas. Si alguien comete un error, a nadie le importa o ni siquiera lo notan. Todo el mundo sigue dando toquecitos con sus pies. Sin embargo, en los recitales todos esperan perfección.

Pasamos mucho más tiempo haciendo recitales en nuestras comunidades de fe de lo que creo que Jesús tenía en mente. Los escenarios, las audiencias y las plataformas nos cambian. Las personas que se están convirtiendo en amor no necesitan nada de eso. No es intrínsecamente malo tener todo eso, pero podemos terminar tocando para la audiencia equivocada.

Mis amigos y yo hemos estado probando un experimento en vivo llamado Living Room [Sala de estar]. Es un lugar que no tiene ningún escenario. Tuvimos el primero en nuestra casa en San Diego, y no dimos ningún detalle. No le dijimos a nadie quién iba a estar allí, quién hablaría, quién tocaría la música o qué íbamos a hacer si venían. Solo dijimos que todos estaban invitados. Así lo hizo Jesús. Después de que Él fue al cielo, Sus amigos también invitaron a todos a sus salas de estar. Partían el pan juntos y tenían todas las cosas en común. Eso era lo que buscábamos. Aunque soy muy extrovertido en público, mi dulce María y yo somos personas que guardamos mucho nuestra privacidad, así que la idea de invitar extraños a nuestra casa era un poco inquietante. En especial para María, que es más introvertida. No sabíamos si alguien saldría de nuestra habitación con mis calzoncillos y con su paraguas.

Establecimos el día y la hora para inscribirse y dijimos que podíamos acomodar a unas treinta personas en nuestra sala de estar, pero que apretados podíamos meter hasta sesenta. Cuando llegó el momento, más de 800 personas se apuntaron en cuatro minutos. Vinieron los que pudimos acomodar, y pasamos un tiempo estupendo juntos. Para el resto, alquilamos la House of Blues junto a Disneyland poco tiempo después. Llamé a algunos amigos más para que vinieran a hablar y tocar música. Luego entregamos boletos para Disneyland, donde tuvimos nuestras sesiones de escape forzado. Las personas que querían hablar sobre su futuro conocieron a uno de los oradores en Tomorrowland [La tierra del mañana]. Los que querían hablar sobre sus mayores temores se reunieron en La mansión encantada. Un amigo mío que trabaja con las personas sin hogar estaba en Main Street [Calle principal]. Otro que es un rapero estaba en el Castillo de la Bella Durmiente. Yo, por supuesto, estaba por la isla de Tom Sawyer. Me recordaron que el lugar donde nos reunimos importa tanto como lo que decimos, tal vez incluso más. Algunas de las mejores conversaciones que podríamos tener están ocurriendo en lugares equivocados.

Tuvimos otro evento para reunir personas. No elegimos la ciudad más popular del país; escogimos una de las menos populares. Nos recordó cómo Dios no escogió a Jerusalén. Escogió lugares poco apreciados como Belén y Nazaret para reunir personas en torno a Jesús. Puse nuestra casa como garantía colateral y rentamos el centro de convenciones. Un grupo de músicos y oradores increíbles aceptaron venir por poco más que pizza y hospedaje. Miles de personas vinieron y pusimos mucho de su dinero en una vasija enorme.

Les dijimos que podían tomar de allí si lo necesitaban y que podían depositar si tenían más de lo que necesitaban. Dejamos el dinero fuera durante la noche para el personal del centro de convenciones en caso de que lo necesitaran. Cuando terminamos, regalamos todo el dinero del evento a personas pobres, que sufrían y necesitaban ayuda. Esto es lo que la iglesia primitiva hacía. Hicieron su propia economía al hacer que ellos y sus recursos estuvieran disponibles para todos. Hicieron esto porque se estaban convirtiendo en amor.

Ya sea que queramos o no, terminamos memorizando lo que hacemos muchas veces. Es la forma en que fuimos construidos desde la fábrica. Porque así estamos hechos, es una gran idea elegir acciones que vale la pena repetir. Las personas que se están convirtiendo en amor hacen esto. Adoptan hermosos patrones e imágenes circundantes para sus vidas. Llenan sus vidas con canciones, prácticas y hábitos que comunican amor, aceptación, gracia, generosidad, extravagancia y perdón. Las personas que se están convirtiendo en amor repiten estas acciones tan a menudo que ni siquiera se dan cuenta de que lo están haciendo. Para ellos, es solo una acción aprendida por la práctica.

No necesitan que nadie los aplauda. No necesitan validación para las cosas que saben que son inherentemente correctas, verdaderas y hermosas. No necesitan todos los elogios que vienen con el reconocimiento. Tampoco sienten la necesidad de criticar a las personas que están erradas en algunas cosas ni tocar acordes disonantes en sus vidas.

No sé tú, pero yo he llegado al final del día más de unas cuantas veces y me he dado cuenta de que mi camisa impecable estaba dispareja en la parte inferior. Normalmente solo se me queda un botón fuera, pero a veces hasta dos. El hecho es que a algunas de las personas que más le han dado forma a mi fe se les han quedado un par de botones fuera. Han cometido algunos grandes errores. Corre hacia estas personas, no lejos de ellos. Hay una confianza serena al saber que todos tocamos un par de notas falsas aquí y allá. La boleta de calificaciones de nuestra fe se basa en cómo nos tratamos unos a otros cuando eso pasa.

María corrió a la tumba unos días después de que Jesús había sido sepultado y resucitara, y ella pensó que Jesús era el hortelano. Él no la avergonzó delante de todos ni le expuso todas las razones por las que estaba equivocada. Tampoco hizo un estudio bíblico con ella al respecto. ¿Sabes lo que hizo? Él solo pronunció su nombre: «María». Eso es todo. Fue el sermón más corto jamás dado. No necesitamos enviar a los arqueros a la torre para proteger al niño Jesús cada vez que alguien toque una nota falsa. Lee el Libro de Apocalipsis. Él no está en la cuna. ¿Deberíamos tener un firme control sobre la doctrina y saber lo que la Biblia habla al mundo? Seguro que sí. Sin embargo, ten esto en mente: amar a las personas de la manera en que Jesús lo hizo es siempre teología grandiosa.

Memoriza eso. Memoriza la gracia. Hazla tu acción aprendida con la práctica. Olvida los escenarios. Tu fe no es un recital. Dale un poco de jazz a la vida de las personas cuando toquen algunas notas falsas. Corre hacia ellos. No les des consejos; pronuncia sus nombres. Y si no conoces sus nombres, no digas nada. Porque Dios crea a las personas, y las personas crean los problemas, pero las personas no son los problemas. Tampoco son proyectos. Las personas son personas.

La próxima vez que las personas cerca de ti arruinen las cosas, llámalas en privado. No les des una lista de instrucciones como si fueran partituras. Solo dales un abrazo. Estarás haciendo que la gracia, el amor y la aceptación también sean una prioridad para ellos.

CAPÍTULO 10

Tres luces verdes

No necesitamos tanta confirmación como creemos.

Paso mucho tiempo en aviones. Quiero decir, mucho. Las personas están en todas partes, y me gusta estar con ellas, así que los aviones son solo una parte de mi vida. El año pasado volé casi medio millón de millas. Me llaman «señor G» en el aeropuerto local. He ayudado a los agentes de boletos con adopciones. He celebrado graduaciones de escuela secundaria y he llorado enormes pérdidas con las personas que trabajan en el aeropuerto. A veces me siento como Tom Hanks en la película *La terminal*. Siempre me había preguntado quién en el mundo compraría ropa en una de las tiendas del aeropuerto. Me da un poco de vergüenza admitirlo, soy esa persona.

Soy piloto, lo que significa que a veces también vuelo yo mismo a diferentes lugares. Por lo general, hago esto cuando el lugar al que voy está cerca, y no quiero hacer un largo viaje en automóvil. Una vez, acababa de salir de un intenso recorrido de viajes atravesando países. Creo que volé sobre Kansas al menos seis veces en una semana. Estoy bastante seguro de que vi a un granjero saludarme mientras pasaba por encima de su cabeza. Cuando me di cuenta de que el siguiente lugar al que tenía que ir requería un largo camino en automóvil, pero que había un atajo si volaba sobre algunas montañas,

83

decidí salvarme del tráfico de California y, en cambio, tomar un pequeño avión. Llamé a un amigo que era miembro de un club de vuelo, y él me consiguió un acuerdo: podía rentar un avión por cien dólares la hora. Eso era solo unos pocos dólares más que en una empresa de alquiler de automóviles. De acuerdo, era una especie de avión chatarra, pero bueno, volaba. Así que lo tomé.

Tomé un mapa antes de partir para el aeródromo y armé un plan de vuelo rápido. Cuando comencé a volar por primera vez, no estaba seguro de cuál era el plan de vuelo. Pensé que el mío era bastante simple: llegar allí y regresar sin golpear nada. Resulta que cada vez que vas a ascender al cielo, lo primero que haces es descubrir el obstáculo más alto en tu trayectoria de vuelo. Esto es principalmente para que no mueras. En el camino a Palm Springs, la cosa más alta era una montaña de seis mil pies (cerca de 2000 m), así que volé a ocho mil pies (2500 m) para estar a salvo.

Justo después de aterrizar y de dirigirme al hangar, dos hombres que volaban en un F-16 aterrizaron su avión de combate y se deslizaron hasta detenerse a mi lado. Salieron con sus modernos trajes tipo *Top Gun* de color verde oliva cubiertos con mangueras de oxígeno, pistolas de bengalas e insignias estupendas. La luz del sol que iluminaba a los pilotos creó un efecto halo, haciéndolos lucir mucho más grandiosos. Mientras tanto, salí de mi avión usando pantalones de mezclilla rotos, una camiseta vieja y un reloj de Mickey Mouse. Intento no compararme con otras personas, pero no se podía evitar. Miré hacia atrás a mi lamentable avión con cinta adhesiva colgando de las alas, estacionado junto al F-16 con misiles que colgaban de sus alas. Me sentí tan fuera de lugar.

Comencé una conversación con los pilotos de combate, con la esperanza de poder disparar una de sus armas de fuego. Supe que habían volado 2.000 millas (un poco más de 3.000 km) hasta Palm Springs para poder practicar vuelo a través de los valles cercanos.

Dijeron que volar por los valles los hacía mejores pilotos; pone a prueba su habilidad y su trabajo en equipo; y acorta su tiempo de reacción. Pensé en cómo había hecho mi plan de vuelo. Había volado 2.000 pies (500 m) por encima de las montañas más altas porque quería estar seguro; estos pilotos volaron por entre los valles porque querían ser mejores.

Lo que he aprendido hasta ahora sobre mi fe es que Jesús nunca le pidió a nadie que jugara a lo seguro. Nacimos para ser valientes. Hay una diferencia entre jugar a lo seguro y estar seguro. Mucha gente piensa que jugar a lo seguro y esperar todas las respuestas antes de seguir adelante es lo contrario de peligroso. No estoy de acuerdo. Si nuestra vida y nuestra identidad se encuentran en Jesús, creo que podemos redefinir la seguridad como permanecer cerca de Él. No me malinterpretes. Jugar a lo seguro y esperar garantías en nuestra vida no es necesariamente malo; solo que ya no es fe.

Mantenerse en lo seguro no nos deja avanzar ni nos ayuda a crecer; solo nos encuentra donde estamos y nos deja en la misma condición en la que nos encontramos. Dios quiere algo diferente para nosotros. Su objetivo nunca es que volvamos a lo mismo. Él espera que nos volvamos más dependientes de Él. No estoy diciendo que todo debe ser riesgoso en nuestra vida, pero sería bueno si algunas cosas fueran más arriesgadas en nuestra fe. Amar a las personas que no entendemos o con las que no estamos de acuerdo es el tipo de cosas bellas, contra intuitivas y arriesgadas que hacen las personas que se están convirtiendo en amor.

Todos los días decidimos si lo tomaremos con calma y volaremos sobre las cimas de las montañas en nuestras relaciones o si nos volveremos mejores y encontraremos nuestro camino a través de los valles. El cielo y un mundo lleno de gente lastimada esperan que lo hagamos. La Biblia habla de esto. Declara que cuando nuestra fe es probada, tenemos la oportunidad de crecer. Esto tiene sentido para mí. Dicho de otra manera, si queremos que nuestra fe se fortalezca, debemos navegar por algunos lugares profundos.

Parece sencillo en el papel, pero en la vida real es mucho más difícil. Soy una persona muy optimista, y aunque estoy dispuesto a atravesar un valle o dos, no son mi objetivo como en el caso de esos pilotos de combate. La verdad es que solo enfrento los tiempos de adversidad o trato con las personas difíciles de mala gana. Cuando lo hago, me apresuro a quejarme conmigo mismo sobre el trato tan malo que recibí y lo injusto que es para un hombre tan amable como yo que le sucedan cosas tan severas o que tenga que lidiar con personas tan difíciles. Las personas que se están convirtiendo en amor comprenden que Dios nos guía a lugares incómodos porque Él sabe que la mayoría tenemos demasiado miedo de buscarlos nosotros mismos. Me sucede todo el tiempo y, por lo general, solo reconozco en retrospectiva que los lugares difíciles por los que he navegado me ayudaron a tener un rumbo más definido. Esta ha sido la idea de Dios para nosotros todo el tiempo.

Cuando terminé el evento en Palm Springs, era tarde, alrededor de las diez de la noche. Regresé al aeropuerto local y preparé mi avión para partir. El F-16 se había ido, y me imaginé que esos hombres volaban a una velocidad de mach 5 a través de un valle cercano, mejorando, probando sus habilidades y viviendo el momento de sus vidas. ¿Pero yo? Estaba listo para irme a dormir.

El vuelo a casa transcurrió sin incidentes. No hice ningún tonel volado ni transité entre los cañones. Cuando llegué cerca del aeropuerto en mi ciudad, revisé los procedimientos de aterrizaje y las listas de verificación. Uno de los últimos pasos fue tirar de la palanca para bajar el tren de aterrizaje. Hay luces verdes en el panel de control para que el piloto sepa que cada rueda está completamente abajo, asegurada y lista para golpear la pista. Cuando ves tres luces verdes en el panel, estás listo para aterrizar.

Tiré de la palanca y pude escuchar las ruedas girando hacia su posición, luego sucedió algo con lo que no contaba. Solo se encendieron dos luces verdes, una para cada una de las dos ruedas traseras. No había luz verde para la rueda delantera. Se me quitó el cansancio. Llamé a la torre de control, tratando de hacerlo todo bien.

—Torre, no creo que tengo la rueda delantera.

—Aquí la torre. Recibido. Por favor, vuele cerca de la torre. Trataré de obtener una imagen visual de su tren de aterrizaje.

Ajusté mi ruta de vuelo para «dar una vuelta alrededor de la torre». Me sentí como Tom Cruise en la película *Top Gun*, excepto que estaba oscuro y nadie podía verme. Cuando pasé volando por la torre, el controlador volvió a llamar por la radio.

—Aquí la torre. Está muy oscuro. No puedo saber si la rueda ha descendido.

Espera, ¿qué? ¿Eso es todo? ¿Eso es todo lo que tenía que decir? Quería volver a gritar por la radio: «¿Qué quieres decir con que no puedes saber? Eres el hombre en la torre de control. ¡Se supone que debes saber cosas!».

Después de un minuto o dos, el controlador volvió a hablar por la radio y me dijo que volara por la torre de nuevo, así que lo hice. Una vez más, me dijo que no podía ver. Estaba atrapado solo con mis dos luces verdes.

Pasaron otros largos minutos y volvió a sonar la radio: —¿Está usted declarando una emergencia?

Riéndome, dije: —Amigo, declaré una emergencia en mis pantalones cortos hace unos quince minutos.

Mi mente trabajaba con tenacidad para descubrir cómo podía salir de esto. Ninguna de las opciones que se me ocurrían sonaba muy atractiva. Si aterrizaba el avión sin la rueda delantera, no terminaría bien. Si me quedaba en el aire, me quedaría sin combustible y probablemente terminaría peor. Si no llegaba al baño pronto, bueno, todos sabemos cómo terminaría eso.

Todos hemos tenido circunstancias como esta en nuestra vida. Confiamos en que una cosa suceda y no lo hace. Un trabajo. Una cita. Un bono. Una respuesta. Un veredicto. Todos estamos esperando más información, más confirmación, más certeza en algún punto. A veces algo más que funcione. Queremos claridad y en cambio obtenemos confusión. Queremos respuestas y solo tenemos más preguntas. Hacemos planes geniales y luego surge algo inesperado y terminan amontonados en el piso como ropa sucia. Quizás esperábamos que una puerta se abriera o que otra se cerrara. Esperamos que algo que necesitamos desesperadamente que termine, por fin se acabe, o que empiece algo más que queremos que comience. Todas las señales apuntaban en una dirección, luego, en un instante, algo salió mal. El plan de vuelo que establecimos para nosotros nos llevó a lo alto de las cimas de las montañas, pero el que realmente hicimos nos arrojó a los valles.

En resumen, la mayoría de nosotros queremos más luces verdes de las que tenemos. Es fácil olvidar que nuestra fe, vida y experiencias son todas las luces verdes que necesitamos. Lo que tenemos que hacer es parar de rodear la pista y aterrizar el avión. Dios no permite que estas cosas sucedan para desesperarnos; Él usa estas circunstancias para dar forma a nuestros corazones. Él sabe que las dificultades, las adversidades y la ambigüedad son lo que nos hace crecer porque nos recuerdan nuestra dependencia absoluta de Él.

Los planes de Dios no se arruinan solo porque nuestros planes deben cambiar. ¿Qué sucede si descubrimos que el gran plan de Dios para nuestra vida es que no gastemos tanto tiempo tratando de descubrir un gran plan para nuestra vida? Quizás Él solo quiere que lo amemos y que nos amemos unos a otros. Nuestra capacidad de cambiar a menudo está bloqueada por nuestros planes. Algunas personas buscan estrellas fugaces o mariquitas que caen en sus narices como respuestas de parte de Dios. Claro, Él podría comunicarse con nosotros de esta manera. Pero honestamente, aunque me han pasado este tipo de cosas, nunca me han parecido respuestas; solo recordatorios.

No creo que Dios use juegos de barajas para llamar nuestra atención. Más bien, Él nos da esperanzas, sueños y deseos. Él nos da tenacidad, resiliencia y coraje. Él nos ha hecho buenos en algunas cosas y horribles en otras. Él trae personas alegres, hermosas y divertidas a nuestra vida y algunas difíciles también. A veces, cambia la trayectoria de nuestros planes eliminando lo que conocemos bien y dejándonos volar por valles más profundos y estrechos que nunca antes habíamos atravesado.

No ignores las luces verdes que ya tienes. ¿Qué te deleita? ¿Qué despierta tu imaginación? ¿Qué te llena de un profundo sentido de significado y propósito? ¿Qué te acerca más a Dios? ¿Qué va a perdurar en tu vida y en la vida de los demás? Haz esas cosas. Son tus luces verdes. La mayoría de nosotros ya tenemos más luces de las que necesitamos. No esperes unirte a un movimiento. Un movimiento es solo un montón de gente haciendo movimientos. Sé un movimiento. Averigua cuál será tu próximo movimiento, luego hazlo. Nadie es recordado por lo que solo planeó hacer.

Solo tenía dos luces verdes en el avión cuando quería tres. Es posible que desees diez luces verdes antes de hacer lo arriesgado que Dios tiene para ti, pero solo tienes ocho. Una vez escuché a un amigo decir que todas las oportunidades vienen con fechas de vencimiento. Si no aprovechas la oportunidad que tienes delante, es probable que desaparezca en algún momento. Aquí está la cuestión: todos los impulsos profundos que sientes para dar un paso hacia eso hermoso y valiente que temes hacer, es probable que no siempre tengas la oportunidad. Ahora es el momento. Tu vida, tus experiencias y tu fe son tus luces verdes. Haz tu movimiento.

El procedimiento para aterrizar un avión sin tren delantero es diferente al normal, como es de esperar. Primero aterrizas con las ruedas traseras, así sabes que están abajo y aseguradas. Las reglas de la vida no son muy diferentes. Descifra las cosas de las que estás seguro y pon todo tu peso sobre ellas. He puesto todo lo mío en Jesús porque me di cuenta de que era una luz verde en la que podía confiar. Pero no termina ahí. Dios me ha rodeado de innumerables personas, así como lo ha hecho contigo. Muchas de esas personas son luces confiables que me señalan a Jesús a través de nuestras relaciones. Encuentra a esas personas en tu vida y apóyate un poco en ellas. Sé más vulnerable y transparente de lo que crees que puedes. Hazlo de todos modos. A veces, cuando le pedimos a Dios una respuesta, Él nos envía un amigo. Averigua a quién ya te ha enviado.

Hay muchas preguntas que aún tengo. Por lo general no tengo todas las luces verdes que me gustaría. Probablemente hay muchas cosas que todavía no has definido con precisión. Sé honesto contigo mismo sobre estas cosas. A Dios le preocupan menos las personas que admiten sus dudas que los que pretenden estar seguros. Cada día empiezo con las cosas de las que estoy seguro y trato de poner mi peso en esas cosas. Siempre comienza con un Dios amoroso y cariñoso que está desesperadamente interesado en mí y en el mundo en el que vivo. Soy selectivo con lo que añado después de eso.

No sabía si las ruedas del avión funcionarían, pero sabía que Dios estaba conmigo mientras me preocupaba por mi tren de aterrizaje. La torre se había quedado prácticamente en silencio. Tenía sentido. Habíamos dicho todo lo que teníamos que decir, y las palabras no se pueden convertir en ruedas. En esos momentos en los que parece que se ha dicho todo es en los que parece que siento la presencia de Dios con mayor claridad. No sé qué estaba haciendo el hombre en la torre mientras yo sudaba y esperaba explotar o chillar en la pista, una ráfaga de chispas y gritos. Aunque sé lo que Dios estaba haciendo. Estaba conmigo.

Terminé mi aproximación y pasé las primeras líneas blancas en la pista de aterrizaje. Ya era hora de que me preparara para tocar tierra. Bajé el avión tan lento como pude con la nariz del avión lo más alto posible. Cerré los ojos por un momento y exhalé. Era hora de ver qué pasaría.

El avión flotó más cerca del suelo y las ruedas traseras tocaron tierra. Cuando la nariz del avión bajó, estaba contando: *tres... dos... uno...*

Cuando llegara a cero, habría muchas hélices golpeando el concreto o un pequeño rebote que indicaría que la rueda delantera estaba abajo y asegurada. De cualquier manera, yo era un espectador en este punto.

Llegué a cero en mi cuenta regresiva mental.

Hubo un rebote. La rueda delantera estaba allí.

Comencé a gritar, a gritar de alegría y a reír.

Escucha esto: resulta que lo que me produjo estar estremecido mientras estaba en el aire fue un foco quemado de cinco centavos.

Pasé demasiado tiempo dando vueltas por la pista esa noche porque no conseguía todas las luces verdes que quería. Creo que muchos de nosotros hacemos lo mismo con nuestra vida también. No dejes que un foco de níquel te impida cumplir tu propósito. Dios no se sorprende cuando queremos más confirmación. Solo espera que no nos estanquemos esperándola.

¿Quién no querría más luces verdes? Sin embargo, en algún momento, debemos dejar de esperar el permiso e ir a vivir nuestra vida. Dios no es mezquino con Su amor, y tampoco se deleita en vernos incómodos. Quizás no obtenemos todas las respuestas y las confirmaciones que pedimos porque a Dios le encanta vernos crecer.

Sin embargo, en el mismo aliento, a veces es bueno hacer una pausa. Uno de los escritores de la Biblia dijo a sus amigos que solo porque la puerta estuviera abierta no significaba que podía pasar por ella. La diferencia entre una pausa prudente y una parálisis persistente es una distinción que vale la pena conocer.

Reconoce cuando tus hermosas ambiciones se atascan dentro de tu cabeza. No necesitas seguir todos los pasos, solo el siguiente. Es posible que Dios no nos dé todas las luces verdes que queremos, pero estoy seguro de que nos da todas las luces verdes que quiere que tengamos en ese momento. Ve con lo que tienes. Si Dios quiere que te quedes quieto, te lo hará saber. También tenemos algunas luces verdes garantizadas que están siempre encendidas: nuestros nobles deseos; las claras instrucciones de Dios en la Biblia de amar a todos, siempre; Su amor por nosotros; y el regalo de tenernos los unos a los otros. Puedes poner mucho peso en ellos y triangular desde allí para descubrir el resto de las incógnitas de la vida.

La diferencia entre la cantidad de luces verdes que queremos y la cantidad que recibimos de Dios es una descripción bastante buena de lo que es la fe. La fe no es conocer lo que no podemos ver; es aterrizar el avión de todos modos, en lugar de simplemente rodear la pista. Pon el avión en tierra.

CAPÍTULO 11

El último, el mejor

*Jesús a menudo usa nuestros puntos
ciegos para revelarse a nosotros.*

Visito con frecuencia el norte de Irak para supervisar una de las escuelas donde nuestra organización, Love Does [El amor hace], ayuda a los niños pequeños a encontrar seguridad y un ambiente de amor en una zona de guerra. Si sigues las noticias, sabes que el Medio Oriente es un lugar muy difícil y con mucha agitación. El norte de Irak no es diferente, y hacemos todo lo posible por ayudar a estos niños a obtener una visión distinta para el futuro de sus vidas. Un par de organizaciones maravillosas y algunas familias decidieron mudarse allí y estar con estos niños y con las personas de las comunidades donde sirven. Me encanta ver a los niños prosperar cuando semanas o meses antes no sabían de dónde iban a obtener su próxima comida o en qué lugar dormirían esa noche.

Con nuestros amigos, tenemos escuelas para cientos de niños desplazados por las guerras civiles. Tenemos un hospital, una escuela con cientos de niños yazidíes y refugiados, y hogares que hemos construido para refugiados de Siria. Nos hemos reunido con combatientes peshmerga en el frente de lucha mientras batallaban contra los soldados del ISIS que podíamos ver desde detrás de los sacos de arena a una corta distancia. El nombre peshmerga significa «las personas que se enfrentan a la muerte». Es una descripción adecuada de estos hombres valientes.

Les hemos entregado medallas a estos valientes luchadores peshmerga para que sepan cuán orgullosos estamos de ellos. En una ocasión, mientras se encontraban en el frente de combate, uno de los generales nos invitó a entrar en su tienda donde habían establecido un plan de batalla para recuperar Mosul, una ciudad de dos millones de habitantes. No podía esperar para ver los mapas, los planos detallados y las imágenes satelitales que supuse estaban dentro. Para mi sorpresa, no había nada de eso. En cambio, había una caja de arena de alrededor de dos metros y medio por tres y medio con algunos soldados de plástico, tanques, carreteras y pequeñas banderas blancas y negras en ella. Pensé que habría más que eso.

Aquí está la cuestión: por lo general no necesitamos todos los planes que hacemos. Por supuesto, los planes pueden ayudar de vez en cuando, pero planear amar a las personas es diferente a simplemente amarlas. Para algunos, es más fácil hacer planes que hacer tiempo. Si eres así, aquí tienes cómo solucionarlo: haz que tu plan sea el amor. De esta manera no hay que escribir tanto.

Durante uno de mis viajes al norte de Irak, me desperté una mañana y no podía ver nada con mi ojo derecho. Era inexplicable. Movía mi mano hacia adelante y hacia atrás cubriendo primero mi ojo izquierdo, y luego el derecho. Me froté los ojos y sacudí la cabeza varias veces, pero no sirvió de nada. No veía. Podría haber mirado al sol y no haber visto nada. Tenía que ir a otros cinco países en el Medio Oriente y Asia antes de regresar a casa, así que, como un tonto seguí adelante pensando que lo solucionaría más tarde. No me había golpeado, ni tenía dolor de cabeza. Fue un mal movimiento.

Cuando llegué a casa, fui a ver a la oftalmóloga. Ella es una de las mejores del mundo y me dijo que yo era la persona inteligente más estúpida que había conocido. Estoy seguro de que estaba exagerando, y probablemente solo me servía el primer adjetivo. Ya había decidido que si tenía tanto daño que necesitara un ojo postizo, me gustaría tener una variedad para elegir. Quería uno con láser, como el hombre en *The Terminator*, y también uno que fuera un globo ocular peludo que pudiera colocar en su lugar para todo el que me irritara en verdad.

Me han hecho algunas operaciones en mi ojo desde que tuve mi problema. Antes de cada operación, siempre le pregunto a mi oftalmóloga cuánto podré ver después. ¿Sabes qué? Ella nunca me ha dicho. En cambio, en cada ocasión solo responde: «Bob, vas a ver más». Al principio sentía que estaba esquivando la pregunta. Yo buscaba un pronóstico para mi ojo, pero ella me dio algo mucho mejor. Recibí una promesa de alguien en quien podía confiar y un recordatorio sobre mi vida. Es la misma promesa que Dios nos da todos los días. Queremos que Dios nos de todos los detalles, pero, por lo general, lo único que obtenemos es una promesa de que veremos más de Él si buscamos en los lugares correctos. Esta doctora sabe lo que hace. Ella prácticamente inventó los ojos. Jesús también sabe lo que hace, y Él *sí* inventó los ojos. Porque confío en ambos, estoy de acuerdo con la promesa de que veré más.

Veremos aquello que hemos buscado por más tiempo.

Mi vista está volviendo poco a poco. Sin duda tomará algún tiempo para estar restaurada totalmente. No estoy seguro de cuánta visión volveré a tener ni de cuánto durará. Solo he tenido media docena de operaciones hasta ahora, pero ya alcancé un récord mundial. Mientras espero, ya he visto lo que Jesús y la doctora declararon que se haría realidad, aun cuando mi vista no está completamente restaurada todavía. Estoy viendo más.

He tenido bastantes beneficios por perder la vista en un ojo. Por ejemplo, sé dónde está mi punto ciego; en la mitad. Los giros a la derecha en las intersecciones ahora son borrosos en el mejor de los casos. Es como jugar a piedra, papel o tijeras. Por lo general, bajo las ventanillas y grito: «¡Voy pasando!». Luego, golpeo la bomba de gasolina.

Cuando leo las historias en la Biblia sobre las personas ciegas que Jesús conoció, puedo identificarme con ellos un poco más. Quizás, la persona con la que más me identifico es el hombre cuya vista fue sanada dos veces. Después de que Jesús lo tocó la primera vez, le preguntó qué podía ver. El hombre le respondió a Jesús: «Veo los hombres como árboles, pero los veo que andan». Jesús tocó sus ojos por segunda vez, y solo después del segundo toque pudo ver las cosas tal como eran en realidad. Los primeros toques, al igual que las primeras impresiones, son excelentes, pero creo que muchos necesitamos un segundo toque.

Hay bastantes personas que pudieron haberse topado con Jesús en el camino, pero que no se unieron la primera vez. No es un intento fallido cuando esto sucede, al igual que Jesús no arruinó el milagro la primera vez que tocó los ojos del hombre. Dios quiere que seamos reales con Él sobre el efecto que Él ha tenido en nuestra vida. Seré honesto: si yo fuera el ciego de la historia, me hubiera sentido tentado a mentirle a Jesús después del primer toque y decirle que estaba sanado. Ya sabes, para que Jesús no luciera mal. Pero lo que Jesús está buscando son respuestas honestas sobre lo que verdaderamente está sucediendo en nuestra vida, no un montón de evasivas. La razón es simple. Si el hombre sin vista hubiera fingido y hubiera dicho que podía ver todo bien después del primer toque, no habría sido realmente sanado.

La verdad es que no sabemos por qué Jesús tocó los ojos de este hombre dos veces. Creo que algunos de los milagros que Dios hace en nuestra vida ocurren en etapas. Aunque Dios nos ha tocado, todavía no vemos a las personas por lo que son hasta que algo más nos ocurre. No los confundimos con árboles; sino con opiniones, posiciones, problemas sociales, estatus, títulos, logros y comportamientos.

Tener un problema con mi ojo me ha ayudado a entender a Jesús un poco mejor de otras maneras. Le he estado pidiendo a Él que me ayude a ver y saber más sobre las cosas que no entiendo en mi vida y en las vidas de otras personas. La mayoría de las veces, recibo una respuesta indirecta o ninguna en absoluto. Algunas personas me explicaron desde el principio que el hecho de no obtener una respuesta de Dios es en realidad una respuesta. Supongo que podrían tener razón, pero con honestidad, nunca lo entendí. Si le enviara una carta a alguien y no recibiera respuesta, me preguntaría si realmente la recibió. A veces, cuando pedimos una respuesta, Dios nos envía un compañero. A menudo viene en unos *jeans*, pero también puede usar un estetoscopio y una bata blanca de médico.

Debido a que confío en Jesús mucho más de lo que confío en la oftalmóloga, me siento más cómodo con la promesa de Dios de que voy a ver más. Aun cuando necesite otros toques. Un cambio pequeño pero importante en estos días es que asumo que todos pueden ver más de lo que yo puedo, y casi siempre tengo razón. Tal vez no vea todo lo que me gustaría ver ahora, pero estoy bien al saber que veré más. Tengo algo que esperar.

Mantén tus ojos fijos en Jesús, o tu único ojo, si no tienes dos que funcionen. Él ve en quién nos estamos convirtiendo, y quiere que nos convirtamos en amor.

Tengo un amigo llamado Lex. Él tiene en ambos ojos el mismo problema que yo tengo en uno. Después de diez operaciones fallidas, perdió la vista por completo cuando tenía ocho años. En la escuela secundaria Lex comenzó a competir en eventos de campo y pista. Cuando llegó a la universidad, descubrió que podía correr como el viento. Así que se unió al equipo de atletismo. Mi primer pensamiento fue: *¿Cómo puede un hombre ciego correr en la pista?* Entonces supe que Lex tiene un amigo. Su amigo corre frente a él y lo llama por su nombre. Lex solo corre hacia una voz en la que sabe que puede confiar.

Todos los competidores de atletismo eligen un evento. Lex escogió el salto de longitud. Esto todavía hace que mi cabeza dé vueltas. Si no estás familiarizado con esta competencia, se trata de correr lo más rápido que puedas por una pista de tres pies (90 cm) de ancho desde una posición a más de cien pies (30 m) de distancia. Con tu último paso sobre una tabla de madera, te lanzas al aire tan alto como puedas y aterrizas lo más lejos que te sea posible en un foso de arena. Imposible para un ciego, ¿verdad? ¡No para Lex! ¿Sabes por qué? Tiene un amigo en cuya voz sabe que puede confiar.

Lo que Lex hace es sencillo e imposible al mismo tiempo. Cuando es su turno para competir, su amigo coloca los hombros de Lex en dirección al foso de arena al final de la pista, luego se dirige al borde del foso y comienza a gritar: «¡Vuela! ¡Vuela! ¡Vuela!», una y otra vez. Lex corre hacia la voz de su amigo lo más rápido que puede y luego salta tan lejos como puede.

Escucha esto: Lex fue elegido para el equipo paralímpico de EE. UU., y ganó. Él puede saltar más lejos que casi cualquier otra persona en el mundo. Esta es la razón para eso: las personas que se están convirtiendo en amor intentan cosas imposibles porque se han rodeado de voces en las que pueden confiar.

En los Campeonatos Mundiales, el amigo de Lex lo llevó al extremo de la estrecha pista. Colocó los hombros de Lex en posición y regresó al borde de la arena. Entonces comenzó a gritar: «¡Vuela! ¡Vuela! ¡Vuela!». Como Lex es ciego, no siempre corre en línea recta. Mientras más fuerte su amigo lo llamaba, más se descarriaba. Cuando llegó al final de la pista, saltó en el aire con todo lo que tenía. ¿El problema? Su camino se había desviado, y se lanzó en otra dirección. Todos en el estadio se quedaron sin aliento. Lex se había desviado por completo del foso de arena y se impactó y se quemó por la fricción con el concreto. El amigo de Lex puso sus manos sobre su cabeza con incredulidad por lo que acababa de pasar mientras corría al lado de su amigo. Lex estaba muy magullado, el uniforme estaba destrozado y lo ayudaron a salir del campo para recibir atención médica.

Todos estamos un poco ciegos y tenemos una tendencia a descarriarnos. A veces sabemos qué nos hizo dejar de correr en línea recta y otras veces no. Nos estrellamos y quemamos, y por lo general no sabemos qué pasó. Lo que sucede después es lo que dirá en quién nos estamos convirtiendo.

No soy atleta, pero si fuera Lex, me hubiera sentido tentado a renunciar. Habría pensado en lo injusta que es mi vida. Me hubiera quejado de cómo había saltado lejos y me había golpeado con fuerza. Podría tener miedo de que, si sucedió una vez, podría volver a suceder. Estas son las voces de derrota que todos escuchamos en algún momento. Si las dejamos, estas voces disonantes pueden ahogar las voces en las que hemos llegado a confiar en nuestra vida. Lex no ve el mundo de esta manera. Su fe no solo actualiza su corazón; sino toda su vida.

El amigo de Lex le consiguió un uniforme nuevo, así que no perdió tiempo, y Lex regresó al campo bajo un aplauso ensordecedor. Juntos, caminaron hasta el final de la estrecha pista. Hay un dicho en la pista: «El último, el mejor». Su amigo colocó los hombros de Lex y sus pies en posición una vez más, caminó hasta el borde del foso de arena y gritó: «¡Vuela! ¡Vuela! ¡Vuela!», mientras aplaudía cada vez más rápido. Cuando Lex golpeó la tabla en su decimosexto paso, saltó en el aire como una gacela. Cuando cayó en la arena a más de veinte pies (6 m) de distancia, ganó toda la competencia. Sí, él se había desviado un poco del camino antes. Incluso se había estrellado la última vez que lo había intentado, pero Lex no deja que el miedo gobierne su vida, y tampoco nosotros deberíamos hacerlo.

Todos hemos saltado hacia algo que no podíamos ver. Una relación, una carrera, incluso nuestra fe. Todos nos hemos golpeado también. Hemos saltado a lo grande y nos hemos desviado a lo grande también. Nos enfocamos hacia la arena suave, pero golpeamos las cosas duras. Aquí está la cuestión: Dios no nos quiere más cuando tenemos éxito o menos cuando fallamos. Él se deleita en nuestros intentos. Él nos dio a cada uno de nosotros diferentes habilidades también. Yo no puedo saltar ni el borde de la acera. Lex puede saltar por encima de un automóvil grande.

No trato de ser Lex, y él no está interesado en ser yo. Una cosa que tenemos en común es tener un par de buenos amigos. Estos amigos nuestros tampoco necesitan darnos mucha instrucción. Solo nos llaman por nuestros nombres. La promesa que Jesús hizo a Sus amigos fue simplemente esta: Él prometió ser una voz en la que podían confiar. Lo único que les pidió que hicieran era correr hacia Él.

Jesús habló mucho sobre las ovejas y los pastores. He tenido unos cuantos perros. Incluso tuve por poco tiempo un periquito y una tortuga. Pero en realidad nunca podría identificarme con lo que Jesús habló sobre tener muchas ovejas. Explicó que las ovejas pueden reconocer la voz del pastor porque es una voz en la que han llegado a confiar. Creo que ahora comprendo un poco más lo que Él estaba tratando de enseñar.

Dios no solo se da a sí mismo. A veces nos entrega algunas otras personas en nuestra vida en cuyas voces podemos confiar. Descifra cómo suena la voz de Jesús en tu vida. Él está parado al final de la pista diciendo tu nombre. Corre lo más rápido que puedas en Su dirección.

Le pedí a Lex que viniera y hablara en una clase que enseño en la universidad. Cientos de estudiantes se quedaron fascinados mientras Lex les habló durante una hora. Había un piano de cola en el escenario, así que incluso tocó una canción que todavía estoy tarareando. Resulta que el hombre también tiene una voz bastante fuerte. Cuando terminó la clase, nos subimos a mi auto e hicimos el viaje de cuarenta y cinco minutos al centro de entrenamiento olímpico. Cuando encendí mi luz intermitente para girar a la derecha, Lex se inclinó y dijo:

—Bob, es la calle siguiente.

Casi me desvío de la carretera. —¿Qué? —pregunté con asombro. Aquí está la parte loca: tenía razón—. ¿Cómo lo supiste? —le pregunté, todavía aturdido mientras doblaba en la siguiente calle.

—Sigo la pista de dónde estoy. Me ayuda a encontrar lo que necesito —dijo con confianza.

Tengo mucho que aprender de Lex. Tengo mucha vista y uso muy poco de ella. Él no tiene ninguna y de alguna manera ve más que una docena de optometristas. Me pregunto si la Biblia tiene tantas historias sobre personas ciegas porque muchos de ellos saben dónde están y qué necesitan. A menudo yo no sé. Estoy aprendiendo de Lex sobre el poder de seguir la pista de dónde estoy, descubrir qué necesito y escuchar las voces en las que puedo confiar.

Mientras conducíamos por el camino correcto, Lex preguntó:

—¿Quieres que te sorprenda?

—Amigo, ya estoy sorprendido. No me puedes sorprender más —dije, sacudiendo la cabeza.

—Hay una rampa reductora de velocidad a treinta pies (9 m).

Unos momentos después, ambos conjuntos de neumáticos rebotaron sobre la rampa en la carretera.

Todos hemos escuchado el término *fe ciega*. No entendía lo que significaba en realidad hasta que conocí a Lex. Él es el hombre sabio que me dijo: «No es lo que miras; sino lo que ves». Estoy de acuerdo.

Sigue corriendo tu carrera. ¿Va a ser fácil? No. Incluso puedes cuestionarte algunas veces si vale la pena. Jesús está parado al borde de la eternidad pronunciando tu nombre. Él quiere que corras hacia Él tan rápido como puedas. Él sabe que no siempre puedes ver lo que está delante de ti, y quiere que olvides lo que hay detrás. *¡Vuela!* *¡Vuela!* *¡Vuela!* En Su voz puedes confiar. Él quiere que corras a lo grande y que saltes lejos.

El último, el mejor.

CAPÍTULO 12

Tres minutos a la vez

Las amistades pueden durar toda la vida,
pero las forjamos tres minutos a la vez.

—Hola, Patricia. ¿Qué puedo hacer por ti?
—Adrián se ha ido.
—¿Se ha ido? ¿A dónde fue? Vamos a buscarlo.
—No, Adrián murió hoy.

Cuando escuché esas palabras, una ola de confusión me detuvo. ¿Cómo pudo ocurrir esto? Verás, Adrián se había convertido en un amigo cercano. Él era particularmente especial para mí porque forjamos nuestra amistad de años, solo tres minutos a la vez. Déjame explicarte cómo.

Adrián trabajaba en el aeropuerto de San Diego. Se paraba frente a una larga fila de personas a menudo ansiosas y frustradas, esperando pasar por seguridad. Algunos se dirigían a sus vacaciones y otros viajaban por negocios. Algunos estaban felices, y otros estaban tristes. Parecía extraño e incongruente; todos se dirigían a algún lugar, pero en ese momento no iban a ninguna parte. Las filas de seguridad siempre eran demasiado largas, y podía sentir la tensión de un centenar de viajeros atrapados que intentaban atravesar el pase de seguridad.

Casi todas las mañanas, la fila se extendía como una serpiente gigante y salía por las puertas del aeropuerto. Por supuesto, nada de eso era culpa de Adrián. Ni la tardanza, ni el punto de reducción del pase, ni todas las reglas de seguridad. Pero Adrián soportaba la carga de mil miradas enojadas, caras arrugadas y comentarios punzantes todos los días. No era porque lo merecía; sino simplemente porque era el hombre al frente de la fila. Adrián trabajaba para la Administración de Seguridad en el Transporte (TSA, por sus siglas en inglés) y llevaba un uniforme dos tallas por encima de la suya. Su trabajo consistía en verificar las identificaciones para ver si las personas eran quienes decían ser.

A veces, la gente resalta en una multitud. No siempre porque son apuestos o bellos, o porque están al frente o en un escenario. Lo que los hace destacar es que no están tratando de llamar la atención en absoluto. Estoy casado con una de estas personas. Tenemos tres hijos y sus cónyuges, Ashley y Jon, que también son este tipo de personas. Es difícil explicar qué hace que alguien te llame la atención de esta manera. Probablemente sea una combinación de muchas cosas, incluida la humildad, la bondad, la resolución tranquila y el trabajo duro.

Adrián medía cinco pies (un metro y medio) parado en puntillas y pesaba menos que una bolsa de papas fritas. Lucía como un hombre en la mitad de sus sesenta, pero era difícil decirlo. Era una mezcla extraña de entusiasmo juvenil, sabiduría sosegada y profundo amor. Adrián tenía una fuerte presencia sobre él proveniente de los muchos años de trabajo incansable. Caminaba con la arrogancia de un estudiante de secundaria que ha ganado un premio en lucha y con la humildad de un monje.

Viajo bastante y había pasado por seguridad del aeropuerto, con Adrián al frente de la fila, una docena de veces en el transcurso de unas pocas semanas. En cada ocasión, notaba algo especial en él.

No importaba con quién se encontraba al frente de la fila, Adrián siempre los trataba con amor y respeto. Las personas podían estar distraídas por los eventos en sus vidas, frustradas por la espera, tristes por irse o entusiasmadas por llegar, para Adrián eso no era importante. Él saludaba a todos con su callada y sincera marca de amor, lo cual hacía que las cosas fueran mucho mejores en alguna medida. Esta persona que observaba desde lejos cada semana me fascinaba, y sabía que quería conocerlo.

Un día, al frente de la fila, decidí agradecerle a este hombre amable por lo que hacía cada día y, en particular, por la forma en que daba la bienvenida a extraños como yo cada mañana. Cuando llegué al frente de la fila, extendí mi mano derecha mientras le entregaba mi identificación con la izquierda. Le dije: «Hola, soy Bob. He pasado delante de ti una docena de veces y solo quería agradecerte la forma en que tratas a cada persona en la fila. Es realmente increíble. La forma en que tratas a la gente me recuerda mucho a la forma en que Jesús amaba».

El hombrecillo quitó la vista lentamente de mi licencia de conducir y me la devolvió como si fuera la suya. No dijo una palabra, pero pude ver que sus ojos se llenaron de lágrimas. Dio un par de pequeños pasos hacia mí, luego envolvió sus brazos alrededor de mí y puso su cabeza en mi pecho. «Soy Adrián», dijo mirando mi suéter. Admito que fue un poco incómodo. Pero allí estábamos, solo nosotros dos, bailando suavemente al frente de la fila de TSA mientras 150 viajeros de negocios que llegaban tarde a sus vuelos observaban. Este fue el comienzo de mi amistad con él, tres minutos a la vez. Nos despedimos y ya estaba deseando que llegara mi próximo viaje al aeropuerto y la próxima oportunidad de saber un poco más sobre él.

Unos días después, llegó mi oportunidad. Durante los siguientes tres minutos juntos, supe que Adrián llevaba más de cuarenta años casado con su esposa, Patricia. Hablaba de ella con una reverencia discreta, como la que se usa para referirse al papa. Ella era obviamente el amor de su vida. No habíamos terminado de hablar de Patricia, pero la fila se movió, así que yo también. Sabía que retomaríamos nuestra conversación donde la dejamos la próxima vez que llegara al aeropuerto.

En los viajes subsiguientes, supe que Adrián tenía un hijo, una hija, un nieto, un hermano y que había trabajado anteriormente con Aeroméxico como electricista. Comenzamos a reunirnos en mi casa para hablar de la vida y el amor y sobre Jesús. Nuestras familias empezaron a pasar las navidades juntas. Fue fenomenal. Un año, Adrián me dio una fotografía de la biblioteca principal de la Ciudad de México y me dijo que todos los libros que había allí no podían contener lo que había aprendido sobre Dios en los últimos meses.

Supe que Adrián estaba ahorrando dinero para el pago inicial de una casa pequeña. Me contó cómo pasaba los fines de semana haciendo girar un letrero sobre su cabeza en una esquina del centro, anunciando apartamentos de alquiler para ganar los dólares extra que necesitaría para el pago. Le hice una broma sobre lo que podría pasar en un día ventoso, si las cien libras que él pesaba eran arrastradas por la calle hasta el campo.

Durante una de nuestras reuniones de tres minutos, Adrián me puso al día sobre la casa de sus sueños. Había ahorrado suficiente dinero y pensaba que había encontrado la casa perfecta. Sería modesta para la mayoría de los estándares, pero, como él la describió, era tan grande como cualquier castillo en Inglaterra, sin duda con un foso, un par de puentes levadizos y jinetes. Sí, muchos jinetes. Patricia estaba viajando desde la Ciudad de México, donde había estado viviendo con sus hijos mayores, para ver la casa por primera vez. Él le había advertido de antemano que la casa era pequeña, pero que estaba deseoso de que la viera. Había un brillo en sus ojos cuando hablaba. Ninguna mansión tendría un dueño tan orgulloso.

A medida que la fila se movía, gritamos sobre las cabezas de otras personas para estirar nuestros tres minutos a cuatro o cinco. Adrián tuvo que saltar mientras gritaba los últimos detalles por encima de las cabezas de dos hombres calvos. Estaba lleno de orgullo. «¡Estoy consiguiendo la casa! ¡Estoy consiguiendo la casa!», gritaba mientras agitaba sus pequeños brazos sobre su cabeza. Agité mis brazos sobre mi cabeza también. Alguien en la línea lo alentó. La persona que estaba de pie en la fila frente a él le dio un abrazo. La anticipación y el amor desenfrenado son contagiosos.

Durante el transcurso de las siguientes docenas de viajes por el aeropuerto, supe que a Patricia le había encantado la casa, Adrián la había comprado y ella estaba en camino a mudarse. Él resplandecía mientras hablaba de lo que había logrado. Yo estaba tan orgulloso de él. Sentía que yo estaba comprando una casa también.

Lo que más me gustaba de Adrián era que sabía quién era. También me sorprendió lo auténtico que era con su creciente fe. La gente humilde no se enamora de las mentiras con las que el orgullo trata de seducirnos para engañarnos. Después de un día malo en particular, las primeras palabras de Dios en el jardín hacia Adán y Eva fueron sencillas: «¿Dónde estás?». Es la primera conversación posterior a la caída entre Dios y la primera familia. Por supuesto, Dios no se refería a localización geográfica cuando hizo la pregunta, y tampoco nos está preguntando sobre eso ahora. Él no había perdido el rastro de los que había creado y no ha perdido tu rastro ni el mío. En cambio, creo que Dios quería que Adán y Eva descubrieran dónde estaban con respecto a Él después de aquel fracaso. Él nunca ha dejado de hacernos la misma pregunta: «¿Dónde estás?». Para descifrar *dónde* estamos necesitamos entender *quiénes* somos. Es la pregunta que Adrián le hacía a miles de personas todos los días: «¿Quién eres?».

Muchos pretendemos que estamos en un lugar en nuestra fe diferente al que realmente estamos. Procuramos ser alguien que no somos, con la esperanza de que encontraremos más amor, respeto, popularidad o más atención. Por lo general, no hay un motivo malo detrás de esto; lo hacemos porque estamos inseguros, o buscamos aprobación o una manera de conectarnos con las personas que nos rodean. Sin embargo, cuando la apariencia de nuestra fe se vuelve más importante de lo que es realmente, es una evidencia de que hemos olvidado quiénes somos en verdad. Dios constantemente permite que sucedan cosas en nuestra vida que nos ayudan a entender dónde estamos con Él y quiénes somos en realidad en el contexto de nuestras circunstancias. Es como si estuviera revisando nuestras identificaciones todos los días, así como el trabajo de Adrián en el aeropuerto.

Lo que sucede con Adrián es que nunca se confundió sobre su identidad. No tenía una página en Facebook donde proyectaba quién deseaba ser. Nunca lo vi tomarse una foto a sí mismo. Por supuesto, estas cosas no son malas, pero pueden alejarnos de nosotros mismos. Adrián era simplemente un hombre que amaba a Dios, amaba a su familia y amaba a cada persona que estaba frente a él.

Una de las historias que Dios relata en la Biblia es mucho más sencilla de lo que a veces la hacemos. Jesús estaba con algunos de Sus amigos y les preguntó quién pensaba la gente que Él era. Debió haber sido gracioso para Jesús preguntarles a Sus discípulos, quienes ya habían estado con Él por algunos años. Pedro habló primero y dijo que creía que Jesús era Dios. Jesús le respondió que este no era el tipo de cosas que él podría haber descubierto solo porque alguien le había enseñado qué pensar. En cambio, declaró que es algo que Pedro sabía solo porque Dios se lo reveló. Jesús entonces dijo a Sus amigos algo aún más desconcertante. Les pidió que no dijeran a nadie quién Él era. Al principio, esto parece ir en contra del modelo evangelístico al que muchos hemos estado expuestos, pero no creo que Él estuviera tratando de mantener Su identidad en secreto. Justo lo contrario. Es probable que Jesús quiera que le *mostremos* a la gente quién es Él por lo que hacemos, no solo que les *digamos* lo que pensamos.

Le he estado pidiendo a Dios que me ayude a descubrir quién soy realmente y quién es Él realmente. Aquí está la cuestión: Jesús es el único que puede hacernos saber la verdad sobre nosotros mismos y sobre quién es Él. La mayoría de nosotros tenemos todo el conocimiento que necesitamos. La gente no necesita información; ellos quieren ejemplos. Dios quiere usar a personas como nosotros para mostrarle al mundo lo que sabemos sobre Jesús al hacer que vean la manera en que amamos a las personas que nos rodean. En especial a los difíciles.

Algunas veces he pensado que sería un pésimo evangelista porque no creo que guiamos a las personas a Jesús. Creo que Jesús guía a la gente a sí mismo. Claro, podemos hablar de Jesús a las personas que conocemos. Hablo de Él todo el tiempo porque mi vida es Suya, pero no trato de convencer a la gente sobre Él. Cuando lo he intentado y ha funcionado, lo que descubro a menudo es que he guiado a las personas hacia mí, no hacia Él. Jesús declaró que la gente no sabrá quién es Él por lo que les hemos dicho; ellos sabrán porque Jesús les dejará saber. Si ya eres amigo de Jesús, no te interpongas en el camino de los demás, mientras descubren su camino con Él. Solo ámalos y apúntales en Su dirección. Si solo has escuchado de Él, pregúntale quién es Él. Apuesto a que te lo hará saber.

Cuando Jesús invadió la historia, es como si se hubiera parado al frente de una larga fila de personas, todos los que alguna vez han vivido o vivirán. Nos preguntó a todos si sabíamos quiénes éramos, y nos preguntó quién pensábamos que Él era. Algunos lo entendieron bien y otros no. Lo mismo sigue siendo cierto hoy en día. Apuesto a que Jesús le preguntó a tanta gente quiénes eran, y quiénes creían que era Él, porque había tantas personas entonces como ahora que están confundidas sobre ambas cosas. Nuestras palabras expresan que somos una persona, pero nuestras vidas declaran que somos otra. Hacemos lo mismo con Jesús. Algunos de nosotros decimos que Él es Dios y lo seguimos, pero luego vivimos como si nuestro ego fuera el centro de todo.

El hermoso mensaje de Jesús es Su invitación a todos a cambiar lo que solían ser por aquello en lo que Dios ve que se están convirtiendo. Dijo que cada uno puede obtener una nueva identidad en Él. Las personas que aceptan esta oferta comienzan a definir el éxito y el fracaso de la manera en que Él lo hizo. Pasan de simplemente identificarse con el dolor de alguien a estar con ellos en medio de su aflicción, y de tener una gran cantidad de opiniones a regalar amor y gracia de forma gratuita. Las personas que se están convirtiendo en amor hacen que estas cosas parezcan hechas sin esfuerzo.

Con la nueva identidad viene un nuevo conjunto de reglas. Jesús habló de una economía en reverso. Explicó que, si la gente quería estar al frente de la fila, tenían que ir al fondo. Si querían ser un buen líder, tendrían que ser aún mejores seguidores. Si querían conocerlo mejor, tendrían que dejar de pensar mucho en sí mismos, y si querían amarlo más, necesitaban amarse más entre ellos.

La última vez que vi a Adrián, tomamos un café y nos pusimos al día. Le dije que iba a estar fuera del país por un par de meses. Después de una gran conversación, nos abrazamos, nos despedimos y él envió un mensaje de texto a cada uno de mis hijos diciéndoles cuánto los amaba. Adrián no les dijo quiénes eran antes; les dijo a cada uno de ellos en quién se estaban convirtiendo. Cada vez que hacemos esto los unos por los otros, reafirmamos nuestras verdaderas identidades.

Cuando trazamos un círculo alrededor del mundo entero como lo hizo la gracia y decimos que todos están dentro, el amor de Dios nos da identidades mejores de las que solíamos tener. Con nuestras identidades renovadas y mejores, podemos dibujar círculos aún más grandes en la vida de las personas. Comenzamos a ver que nuestro tiempo aquí no se debe gastar formando opiniones sobre las personas que conocemos. Es una oportunidad para dibujar alrededor de ellos los círculos que la gracia ha dibujado alrededor nuestro, hasta que todos estén dentro.

No decidimos quién en la fila está dentro y quién está fuera, y no necesitamos perder más tiempo involucrándonos en las discusiones que atraen a algunas personas. Los individuos que se están convirtiendo en amor no dan una vuelta olímpica en cada partido. Comenzamos por conocer a las personas solo tres minutos a la vez. No pierdas ni un minuto discutiendo con personas que están equivocadas. Deléitate con la confianza que viene al encontrar la verdad en tu propia vida. Dios nunca prometió que tendríamos todas las respuestas. Lo que Él nos ofrece es una caja de lápices de colores y la oportunidad de dejar que el amor dibuje círculos más grandes de lo que creían posible alrededor de las personas que conocimos.

La llamada de Patricia con la noticia de la muerte de Adrián fue un choque para todos nosotros. Al parecer, Adrián salió del aeropuerto después del trabajo y tuvo un infarto cerebral mortal en el estacionamiento. No hubo aviso ni razón alguna. Simplemente sucedió.

No he tratado de averiguar por qué. A veces, cuando buscamos demasiadas explicaciones, corremos el riesgo de inventarlas por error. Tengo bastantes preguntas sobre por qué Adrián falleció. Quizás por eso Dios hizo que la eternidad durara tanto tiempo. Él sabía que tomaría un tiempo explicar lo que estaba haciendo. Antes de decidir por qué han pasado las cosas en tu pasado o por qué están sucediendo ahora, espera a que Dios te susurre las razones. La espera valdrá la pena.

Adrián dejó a Patricia y al resto de su familia y amigos, pero también dejó mucho más. Él cambió mi perspectiva sobre lo que se necesita para hacer un amigo y ser amigo. Verás, solía pensar que tomaría toda una vida ser amigo de alguien, pero ahora creo que lo hacemos solo tres minutos a la vez. Es la forma en que Jesús se hizo amigo de la mayoría de las personas que conoció, y es una excelente manera de que nos involucremos con las personas que nos rodean, incluyendo las que hemos estado evitando.

No sé qué sucede después de que morimos. La Biblia dice que estar separado del cuerpo es estar presente con Dios. Tal vez suceda en un instante, y tal vez sea un poco como cuando te levantas de una siesta. De cualquier manera, después de que Adrián murió, apuesto a que abrió sus ojos y estaba en el cielo con Jesús.

No sé cómo será el cielo. No sé si los caminos están hechos de oro. Honestamente, tengo la esperanza de que estén cubiertos con bolitas de helado. No sé si vamos a estar reunidos en filas, cantando canciones de Chris Tomlin, pero lo dudo. Tampoco sé si tendremos alas, pero estoy cruzando los dedos para que no. (Eso podría ser solo una cuestión de hombres).

No sé de qué color son las puertas del cielo o quién tiene el control cuando San Pedro se toma un día libre. Pero no me sorprendería si hubiera una larga fila de personas esperando para entrar. Una fila que se extienda a través de la puerta como una serpiente larga. En algún lugar cerca de la entrada al frente de la fila, apuesto a que habrá un hombre que se parece mucho a Adrián. No verificará títulos, certificados, logros ni cuán rica o pobre es la persona. Preguntará a todos si encontraron su identidad en Jesús y si *realmente* fueron quienes dijeron ser durante sus vidas.

CAPÍTULO 13

La zambullida de Karl

*No nos quedamos atrás por lo que no
tenemos, sino por lo que no usamos.*

Karl era como la mayoría de los otros niños en la escuela secundaria. Amaba los deportes, y también era bueno en ellos. Pero a él le gustaban aún más las travesuras, y era aún mejor en eso. Él y sus amigos miraban fijamente el calendario, deseando pasar de la primavera al verano y tener la oportunidad de desenfrenarse juntos. Karl tenía un encanto contagioso y controlaba el lugar de manera quieta y no intencional cuando entraba por la puerta. Era guapo, inteligente y tenía una reputación bien merecida como bromista. El próximo chiste siempre estaba a la mano para Karl y sus amigos.

Algunas personas pueden hacer malabares. Otros pueden hacer un nudo de un tallo de cereza con su lengua. Karl podía contener la respiración como un delfín. Creció cerca de un lago en Illinois y practicaba zambullirse en el agua con los brazos abiertos, sin duda con la esperanza de obtener un intento de rescate y tal vez un poco de respiración boca a boca de la linda chica que era la salvavidas en servicio. Realmente nunca sucedió, pero la posibilidad hizo que toda la práctica valiera la pena.

Cada año, Karl y sus amigos, se dirigían a unos lagos en Wisconsin para sus aventuras de verano. Pasaban los perezosos días de verano nadando, navegando, saltando rocas y conociendo a una o dos chicas que también estaban de vacaciones. Por supuesto, conocer chicas superaba todas las aventuras de Huckleberry Finn.

Un día, Karl estaba en la casa de un amigo y vio a dos chicas de su escuela secundaria, a las que quería asustar e impresionar. Estaban sentadas en un muelle al borde del agua. Karl pensó que necesitaría algo grande para sorprenderlas. Quería hacer una impresión con algo que llamara la atención. Así que hinchó su pecho y echó a correr hacia la orilla. Su plan era asustar a las chicas saltando sobre ellas y haciendo un gran salpicón en el agua. A las chicas al parecer les gustan este tipo de cosas. Sus amigos lo incitaban mientras corría.

Cuando Karl llegó al final del muelle, saltó como si lo hubieran disparado desde un cañón. Cuando pasó por encima de las cabezas de las chicas, lanzó un fuerte grito de batalla y miró hacia abajo para ver sus caras. Su cabeza se inclinó hacia abajo y su cuerpo la siguió. Karl golpeó el agua como un dardo en el césped e hizo un gran chapoteo. Sus amigos corrieron hacia las chicas mientras se reían, ofreciéndoles toallas. El plan había funcionado perfectamente. Las chicas miraron por el borde del muelle hacia el agua turbia, anticipando que Karl saldría de pronto.

Como de costumbre, Karl actuó como un submarino a solo treinta centímetros debajo de la superficie del agua. Estaba llevando a cabo el truco que había perfeccionado durante años al quedarse quieto. Al pasar un minuto, las risitas de las chicas se convirtieron en preocupación. «¿No deberíamos hacer algo?».

Pronto, la preocupación se convirtió en pánico. Esto ya no era divertido. Karl seguía inmóvil debajo de la superficie. Incluso sus amigos pensaron que estaba llevando su truco demasiado lejos.

Saltaron de pie en el lago turbio, y para su sorpresa, el agua apenas cubría sus rodillas. El agua a la que Karl había saltado de cabeza tenía solo noventa centímetros de profundidad.

Uno de sus amigos agarró a Karl por los tobillos, mientras que otro lo agarró por los hombros. Cuando levantaron a Karl en el muelle, su cuello se dejó caer hacia atrás como una muñeca de trapo. Afortunadamente, un paramédico vivía al otro lado de la calle y un amigo que vio la conmoción pidió una ambulancia. Karl fue llevado al hospital.

La médula espinal es algo complicado. Está formada por un conjunto de nervios que controlan la mayor parte de nuestro cuerpo. Nuestra médula espinal controla nuestro sentido del tacto, el movimiento de nuestros brazos y piernas, el funcionamiento de nuestros pulmones y mucho más. Cuando la médula espinal está lesionada, los mensajes ya no llegan del cerebro a las partes de nuestro cuerpo por debajo de la lesión. Con cualquier lesión en la médula espinal, se produce un daño inmediato y luego va aumentando a medida que la lesión comienza a bloquear otras partes del cuerpo. Es como un peligroso juego de dominó. La médula espinal es tan delicada que no puede repararse a sí misma, e incluso el médico más capacitado no puede hacer mucho para ayudar.

En el hospital, los médicos trataron de evaluar la extensión de las lesiones de Karl. Le preguntaron si sabía dónde estaba, quién era el presidente y en qué mes se celebraba la Navidad. Karl pudo hablar durante las primeras cuarenta horas después de la lesión, pero luego perdió la capacidad de hablar a medida que su médula espinal seguía inflamándose. Tenía muchas preguntas, pero se había quedado sin la capacidad de hacerlas. Karl sintió como si lo hubieran encerrado dentro de su cuerpo.

Una enfermera estaba ocupada en su habitación, y Karl tuvo una idea. No podía hablar, por lo que comenzó a deletrear palabras

parpadeándole a la enfermera. Un parpadeo era una «a», tres parpa-
deos era una «o», y así sucesivamente.

«¿C-u-á-n-d-o-p-o-d-r-é-c-a-m-i-n-a-r?». Karl parpadeó las palabras a la enfermera. Ella puso a un lado lo que estaba haciendo y la
tristeza se extendió por su rostro mientras respondió con suavidad:
«¿No te lo dijeron los médicos? Nunca podrás volver a caminar,
Karl. Lo siento mucho». Sus palabras quedaron suspendidas en la
habitación como una espesa niebla.

Karl podía sentir las lágrimas rodando por las esquinas de sus
ojos y bajando hasta sus oídos. Estos eran los únicos lugares que aún
podía sentir.

A medida que el peso de sus palabras se hundía, era como si
Karl estuviera bajo el agua una vez más, esta vez hundiéndose muy
profundamente. La enfermera se acercó y limpió las lágrimas de
Karl mientras las suyas corrían por sus mejillas.

Karl entonces parpadeó lentamente su próximo mensaje para
ella. «¿C-u-á-n-d-o-p-u-e-d-o-u-s-a-r-m-i-s-b-r-a-z-o-s?». La enfermera, todavía sentada en su cama, buscó las palabras. «Karl, lo siento mucho. Golpeaste el fondo muy fuerte. Tampoco podrás volver a
usar los brazos». Ella acarició el cabello de Karl, tratando de ofrecer
algo de consuelo, pero no servía de nada. La lesión en el cuello de
Karl había sido tan grande y su médula espinal estaba tan dañada,
las únicas cosas que podría usar completamente eran su lengua, sus
ojos y su mente.

Karl permaneció en el hospital durante meses. Se había esta-
bilizado, y los médicos y enfermeras cambiaron su atención para
ayudarlo a funcionar en su nueva realidad. Durante ese tiempo, se
construyó un vehículo especial para que Karl pudiera tener movi-
lidad. Debido a que Karl tenía el uso de su lengua, se colocó una
pajilla en el mecanismo de dirección. Karl usa pequeñas bocanadas

de aire y su lengua para dirigirse hacia adelante y hacia atrás, para comenzar, detenerse y girar.

Karl finalmente fue dado de alta del hospital. Se había acostumbrado a la rutina allí y al confort relativo de aprender su nueva vida en un entorno bien controlado. El alta casi se sentía como si estuviera siendo liberado a una prisión del tamaño del mundo. Comenzó a descifrar las cosas una por una de nuevo. La unidad de dirección especializada estaba equipada para que Karl pudiera contestar el teléfono, escribir correos electrónicos y hacer casi todas las demás tareas que el resto de nosotros damos por sentado. Karl tuvo que volver a aprender a vivir toda su vida usando solo su lengua, sus ojos y su mente.

Karl no era una persona quieta. A pesar de que su cuerpo había sido estropeado, todavía tenía el espíritu de un luchador y un bromista. Asumió el reto con gusto. Después de graduarse de la escuela secundaria, Karl fue a la universidad. Se había adaptado a su nueva vida, pero sentía un vacío cada vez mayor dentro de él. No era solo que ya no podía moverse; sentía que toda su vida había perdido el rumbo. No quería que sus mayores logros fueran lo que aprendiera a hacer con una pajilla. Sintió la creciente necesidad de encontrar de alguna manera más significado y propósito que el que su vida le había ofrecido incluso antes de sus lesiones.

Durante su primer año en la universidad, Karl conoció a unas personas que le hablaron de un carpintero de Nazaret que los había cambiado. Formaban parte de un grupo del campus que se reunía todas las semanas e invitaban a Karl a algunas de sus reuniones. Lo que a Karl le pareció más convincente desde donde se sentó fue que este carpintero del que hablaron había vivido toda Su vida usando solo el amor.

La Biblia habla mucho sobre nuestras lenguas, nuestros ojos y nuestras mentes. Dice que andaremos gran parte de nuestras vidas con ellos, al igual que Karl anda por la suya. Muchos de nosotros tenemos brazos y pies que podemos mover para ayudar a otros, pero elegimos no hacerlo. Nos alejamos de las personas que no entendemos o que nos intimidan porque son diferentes a nosotros. Tenemos ojos para ver a las personas que están sufriendo, pero solo observamos porque tenemos miedo de acercarnos, esto interrumpirá todo el orden que hemos estado tratando de lograr en nuestra vida. Tenemos mentes para entender las profundidades del dolor de los demás, pero solo sentimos empatía sin involucrarnos porque tenemos miedo de lo que podría pasar si lo hacemos. Karl perdió la capacidad de usar sus brazos y piernas, pero aprendió a no ver eso como un impedimento. Muchos de nosotros estamos limitados por lo que tenemos pero que no usamos. Karl no quería estar limitado por lo que tenía, pero que no podía usar. Al ser despojado de tantas capacidades, se vio obligado a ir más profundo y encontrar algo que valiera la pena perseguir. Karl puso su confianza en Jesús. Él se convenció después de leer las afirmaciones que Jesús había hecho de que realmente podía cambiar el mundo usando solo su lengua, sus ojos y su mente.

Karl y yo fuimos juntos a la Facultad de Derecho. Nos conocimos el primer día de clase. Era un muchacho difícil de no ver en el pasillo con la máquina con la que solía moverse. Era increíblemente amable, inteligente y cariñoso. Sin embargo, lo más sorprendente de él fue que encontró una libertad en su vida que la mayoría de nosotros todavía buscamos en la nuestra.

Karl y yo nos presentamos al examen del tribunal al mismo tiempo y él terminó antes que yo. ¿Sabes por qué? Él tiene una lengua rápida. Desde que pasó el examen en su primer intento, Karl ha estado trabajando en la Fiscalía General. Persigue a los malos para vivir, corre hacia la injusticia con pasión y propósito. Su mente rápida e incluso su lengua más rápida han demostrado ser más que suficientes para dejar su huella en el mundo, hacer justicia y expresar su amor por Dios de muchas maneras. Karl ha tenido cinco casos en la corte suprema de California. Ganó las cinco veces. No solo esto, sino que ha publicado más de cien decisiones que han dado forma a las leyes sobre la justicia penal y los derechos de las víctimas, lo que beneficia a millones de personas.

La vida de Karl no es diferente a la historia de un niño con unos pocos pescados y algo de pan. Jesús nos dice que traigamos lo que tenemos a Él, y Él hará algo asombroso. Karl sigue trayendo lo que tiene a Jesús. Creo que deberíamos hacer lo mismo; solo trae lo que tengas a Dios y deja que Él decida qué hará con eso.

Cuando pienso en la fatídica zambullida de Karl, pienso en cómo su cuerpo siguió a su cabeza. Miró hacia abajo para saludar a las chicas, y su cuerpo fue hacia donde miraban sus ojos. Así es como estamos todos conectados. Hacia donde giramos nuestra cabeza es hacia donde aterrizaremos con nuestra vida. Ocurre todo el tiempo con carreras, relaciones o posesiones. No importa si es la comparación, la distracción o el escape lo que desvía nuestra cabeza: lo que miramos hará la diferencia entre una gran zambullida o un gran desastre. La mayoría de nosotros no nos rompemos el cuello cuando miramos o saltamos mal, pero podemos hacer algo igual de paralizante de una manera diferente.

Debemos ser cuidadosos con lo que nuestra mente anida. Muchos vivimos pendientes de lo que otras personas piensan de nosotros. Es fácil caer en esto, y a veces podemos estar tan ocupados tratando de obtener la aprobación de otros que olvidamos quiénes Jesús dijo que somos. Aquí está la cuestión: cuando estamos ocupados en obtener la validación de las personas que nos rodean, dejamos de buscarla en Dios. Sabrás que esto te sucede cuando vas detrás de lo que es popular en lugar de lo que es eterno, cuando te conformas con lo que se siente bien en el momento, en lugar de optar por lo que tendrá un impacto bueno y duradero dentro de una década. Si dejamos que nuestras cabezas giren hacia las aguas poco profundas que ofrecen las relaciones equivocadas, el resto de nuestra vida irá hacia donde ha ido nuestra cabeza. Si lo hacemos, nos impactaremos en lugar de impresionar, y nos ahogaremos en los lugares donde deberíamos estar nadando.

En nuestro último día de la Facultad de Derecho, Karl dijo que estaba enviando un auto para recoger a algunos amigos y a mí. Subimos al auto y nos llevó a un campo al norte de San Diego. No sabíamos lo que había planeado para nosotros, y se había prestado mucha atención para mantener la noche en secreto. Supusimos que nos juntaríamos con Karl para tener un picnic de celebración en la playa y lanzar un *frisbee* durante un rato. En cambio, cuando estábamos lo suficientemente al norte para girar a la izquierda hacia la playa, giramos tierra adentro y apareció un campo abierto.

En el medio del campo había un gigantesco y colorido globo aerostático de tres metros de altura con serpentinas colgando de los lados. Un piloto de pie en una canasta de mimbre arrojó llamas al toldo y el globo tiró de las cuerdas que lo ataban al suelo. Junto a la cesta de mimbre había un hombre en silla de ruedas que la había conducido hasta allí a través de una pajilla. Karl quería hacer por nosotros algo increíble que él nunca tendría la oportunidad de experimentar por sí mismo.

Las personas que han desarrollado una amistad con Jesús y se están convirtiendo en amor no son inmunes a los reveses de la vida. Tienen tantos como todos los demás. A veces me pregunto si tienen algunos más, pero no he tratado de contarlos. Las personas como Karl han encontrado algo que muchos de nosotros todavía estamos buscando. Él sabe que no está definido ni limitado por sus circunstancias. Ve poder en su quebrantamiento y oportunidades en la oposición que enfrenta. Karl no se ha quedado atascado tratando de averiguar por qué le pasó esto; está demasiado ocupado celebrando las vidas de otras personas y haciendo que las cosas sucedan para ellos. Las personas como Karl no piensan en lo que han perdido. Piensan en lo que harán con lo que aún tienen. Y la respuesta es *mucho*.

En ese campo fuera de San Diego, nos tropezamos con la cesta del globo aerostático. Las cuerdas que nos sujetaban al suelo se desataron y, después de algunas fuertes llamas detonantes, comenzamos a flotar. A medida que ascendíamos, las cosas grandes se hicieron pequeñas y las cosas cercanas parecían muy lejanas. La experiencia probablemente no fue muy diferente a lo que podría suceder cuando lleguemos al cielo y menospreciemos nuestras vidas, porque ya no habrá impedimentos ni creencias limitantes que bloqueen nuestra vista. Karl nos había dado el regalo de una nueva perspectiva. Era el tipo de cosmovisión que él había encontrado mucho antes, pero que nosotros estábamos descubriendo a través de su hermosa vida.

Miramos por el borde de la canasta mientras ascendíamos al cielo y saludamos a Karl. Por supuesto, él no podía responder al saludo, pero no necesitaba hacerlo. El gran amor que se expresa en el mundo no necesita ningún movimiento de saludo con los brazos;

siempre es reconocible y deja pocas dudas en la vida de las personas que toca.

CAPÍTULO 14

Aterriza el avión

Dios no nos da todos los detalles,
porque confía en nosotros.

Cada uno de nosotros tiene un lugar que parece el cielo, un lugar donde es más fácil sentir la creatividad de Dios expresada en amor y alegría, montañas y arroyos. Para mi familia y para mí, es una cabaña que construimos al final de una ensenada en Columbia Británica, en Canadá. Es un lugar donde las montañas de ocho mil pies (2.400 m) de altura cubiertas de nieve bordean las aguas del Pacífico. Algunas veces al año, las orcas se mueven lentamente a través de la bahía y puedes escucharlas exhalar a través del agua cristalina. Los bosques de cedro sin explotar están llenos de árboles que eran renuevos antes de que se inventaran los automóviles. «La cabaña» es un sueño que lleva más de veintidós años en proceso. Comenzó con unas tiendas de campaña el primer año; luego, con el tiempo, hicimos un alojamiento y construcciones circundantes con camas suficientes para setenta personas. Se ha convertido en nuestro lugar de restauración y aventura. De alguna manera es más fácil encontrar a Dios allí.

No obstante, con toda la belleza vienen algunos pequeños inconvenientes. No hay carreteras en cien millas (150 kilómetros)

hacia ninguna dirección. Tenemos nuestra propia electricidad saca-
da de un glaciar dentro de la propiedad, cultivamos nuestras propias
verduras y pescamos la cena en el océano y los ríos. Obtener las cosas que necesitamos, como piezas de motor, no es tarea fácil. Tomar
un barco hasta este lugar es posible, pero es un viaje largo. Entonces,
cuando encontré un viejo hidroavión de DeHavilland Beaver en
venta, supe que era la solución que necesitábamos. Lo único que
tenía que hacer era aprender a volarlo. ¿Qué podría salir mal?

Los Beaver son aviones de hombres. Si pudieran hacerlos de
carnes secas, lo harían. El motor de nueve pistones y 500 caballos de
fuerza, llamado «Avispa junior» por el fabricante, no es nada pequeño y es todo acero y potencia. Dejaron de fabricar estos aviones hace
sesenta años, por lo que ahora están bastante raspados por fuera. La
forma de saber que un motor Beaver está sin aceite es cuando deja
de gotear.

El fuselaje tiene una manufactura del viejo mundo. No está hecho de chapa metálica o fibra de vidrio prefabricada. Es completamente duro, y parece que podría recibir algunos golpes de pistolas,
de osos, de avalanchas o de niños en edad preescolar y seguir adelante. Es el tipo de avión que Indiana Jones volaría desde una jungla
remota. En realidad, Harrison Ford posee un Beaver; y en algunas
películas, esto sucede en realidad. Un Beaver tiene flotadores porque
está hecho para aterrizar en el agua en lugar de una pista. Cuando
estamos en la cabaña, generalmente salgo cada semana o cada dos y
compro las cosas que necesitamos, como los helados y las barras de
cereal, y vuelo de regreso.

La familia Goff cuenta los días para ir a la cabaña. Cada año,
cuando la escuela termina a fines de mayo, la fiebre de la primavera
toma el control de los esteroides. La casa se llena de planificación
y expectativa para el viaje hacia el norte durante el verano. Cuando nuestros hijos estaban en la escuela, era francamente tortuoso.

Estaban atrapados en el primer período de inglés sabiendo que, unas semanas más tarde, estarían saltando en las rocas junto a cascadas de treinta metros y buscando comida.

Intentamos llegar a la cabaña de una manera diferente cada año. Richard se graduó de la escuela secundaria y buscamos algo de aventura, así que compramos motocicletas Harley y Triumph y fuimos en ellas hasta allí. Comenzamos en México y cruzamos América del Norte, de abajo hacia arriba. Ninguno de nosotros había estado antes en la carretera con una motocicleta. Dedujimos que iríamos descubriendo lo que necesitábamos saber en el camino. Cuando llegamos a San Francisco, ya incluso sabíamos cambiar las ruedas.

Otro año, Richard, quien es infinitamente cautivante, nos llevó a una aventura increíble mientras arreglamos una Kombi Volkswagen de 1971. Richard lo condujo hasta Canadá, y él y Adam condujeron de vuelta. Richard mantuvo esa Kombi durante años y aún nos guía con creatividad y risas.

Adam estaba en su último año de secundaria. Por lo general, era un estudiante excelente, muy disciplinado y enfocado. Pero en ese momento, él sentía que la escuela había terminado para él. Tenía la mayor parte de lo que necesitaba para ingresar a la universidad, y el último año se sintió como una vuelta castigadora y lenta para llegar a la victoria.

Una tarde, cerca del inicio del curso escolar, le pedí ver la lista de asignaturas. Subió a su habitación y estuvo allí durante mucho tiempo. Cuando bajó las escaleras a la mesa de la cocina donde yo estaba sentado, bajó la mirada hacia sus pies mientras me entregaba la lista a regañadientes. Miré la lista de arriba abajo y me reí. «¿Dónde están las clases?». Trató de contener una sonrisa, pero no hizo muy buen trabajo.

Su lista de asignaturas era ridícula. No recuerdo con exactitud, pero creo que tenía que ser el inspector del pasillo durante un período, limpiar borradores durante el otro, tenía una clase de arte y debía trabajar en la oficina de la escuela el resto del día. Este era el horario de un joven con los pies sobre el manubrio y los dedos entrelazados detrás de la cabeza.

Claro, sentí pena por él. Adam estaba más que aburrido de la escuela. Nada realmente le llamaba la atención. Recuerdo que me sucedió lo mismo en la escuela secundaria. En lugar de hablar con Adam sobre su lista de clases, nos pusimos a pensar y creamos un plan. Lo que él necesitaba era un desafío lo suficientemente grande como para mantener su atención durante todo el año.

Le pedí que se registrara en algunas clases de verdad y nos deshicimos de todas las demás cosas que eran para rellenar tiempo. En su último año, Adam salía de la escuela todos los días al mediodía y se dirigía al aeropuerto para obtener su licencia de piloto. En lugar de pasar su último año de escuela perdiendo el tiempo, lo pasaría volando.

Mi dulce esposa, María, pensó que era una idea terrible que Adam estuviera montado en un avión todos los días, sobre todo cuando supo que lo haría solo después de un par de semanas de lecciones. Le dije a Adam que considerara su programa después de la escuela como una clase que se aprueba o se desaprueba. Te estrellas, desapruebas.

Adam venía a casa todos los días y nos contaba lo que había aprendido. Describía la cabina de pilotaje y las listas de verificación antes del vuelo. Su vocabulario estaba salpicado de nuevos términos como *grado de inclinación* y *virar fuera de curso*. Fue insistente en relatarnos el proceso para abrochar el cinturón de seguridad en el avión. Creo que hacía esto para demostrarle a su madre que estaba tomando sus lecciones en serio y que no moriría. Nuestra casa ya no era solo un hogar; era una escuela de *Top Gun*. Al final del curso, Adam recibió un diploma, una licencia de piloto y una chaqueta de cuero, todo en el espacio de unos pocos días. También obtuvo una certificación en hidroaviación así que podía pilotar mi Beaver.

Hay miles de lagos remotos en las montañas de Columbia Británica. Estos lagos color esmeralda están dispersos por todas partes, aislados entre las empinadas murallas de granito de las montañas circundantes. Cada vez que vuelo sobre ellos, los evalúo y me pregunto si serían lo suficientemente grandes como para aterrizar.

Durante más de una década, los niños y yo habíamos estado observando uno de estos lagos. Se congela sólido cada invierno y se cubre de una capa de nieve de tres metros de grosor, pero al final del verano, la nieve y el hielo se derriten, dejando un lago alpino asombroso. El lago no es grande. Desde el aire, parece que no es más que un charco en la acera después de una tormenta. Cada vez que volábamos sobre él, nos codeábamos unos a otros y nos preguntábamos en voz alta si había suficiente lago para aterrizar el Beaver, y si lo hacíamos, ¿habría suficiente espacio para volver a salir?

El punto de entrada para el Beaver es un estrecho apretado entre dos murallas de granito imponentes. Si lo logras, el lago se encuentra en el fondo de un desfiladero de dos mil pies (600 m) de altura. Llegar allí requiere un descenso agresivo. Cada paso precisa un compromiso total porque tanto el desfiladero como el hoyo profundo que contiene el lago están demasiado apretados para girar a mitad de camino. Una vez que estás dentro, no hay más opción que aterrizar el avión y prepararte para un nuevo despegue en dirección opuesta. Es un viaje de ida y vuelta compuesto por dos boletos de ida.

Un día, Adam y yo íbamos en el Beaver de regreso después de una vuelta a una tienda de comestibles en la ciudad. Cuando pasamos por el lago, miré y pregunté:

—¿Qué pasa si aterrizamos en el lago hoy? —Adam sonrió con nerviosismo—. No, hablo en serio. ¡Vamos a hacerlo!

Adam me miró fijamente durante un largo momento, preguntándose si hablaba en serio. Tomé eso como un sí e incliné el ala hacia el lago y comenzamos a descender. La cabina se llenó de una intensa mezcla de miedo y emoción.

Nivelamos las alas a unos pocos miles de pies sobre el lago y comenzamos a acercarnos. El sitio de entrada era tan estrecho como se veía desde el aire. Estábamos llegando al punto en que no podíamos dar la vuelta ni retirarnos. Miré a mi lado, y Adam estaba con la vista fija a través del parabrisas. Pasamos entre las montañas y de inmediato las cosas se comenzaron a escuchar mucho más altas. El ruido del motor rebotó en ambas paredes de granito e inundó la cabina. Miré por las ventanas laterales para tener una vista de mi orientación hacia las paredes de roca a cada lado. El ala derecha estaba a una distancia corta pero segura de la muralla de granito, y me sentía confiado mientras voláramos por esta parte. A continuación, descenderíamos al lago.

Tan pronto como atravesamos la entrada, empujé los controles hacia adelante. Antes, teníamos las montañas al frente. Ahora, mirábamos principalmente al agua mientras volábamos a través del lago. Me sorprendió lo hermoso que se veía, pero rápidamente me volví a concentrar. No había tiempo para hacer turismo. Los ojos de Adam estaban bien abiertos como para mirar por él y por mí,

A pesar de que estábamos haciendo un fuerte descenso, no teníamos suficiente espacio para aterrizar el Beaver directamente. Al final del lago, había una ampliación de las murallas de roca lo suficientemente ancho para un giro final descendente. Era un área apretada para maniobrar, pero era factible. Me acerqué lo más que pude a la muralla al final del lago y volteé el ala del avión una vez más. No estábamos perpendiculares al agua, pero parecía que sí. Empujé el control completamente hacia adelante, esta vez para descender los últimos cuatrocientos pies (120 m) hasta el lago.

Una vez que das la última vuelta, se debe descender los últimos cientos de pies con prisa, pero con mucho cuidado. Si aterrizas muy cerca de la superficie, golpeas las rocas; si te pasas mucho, golpeas los árboles. Si alguna vez has visto un pelícano en picada para atrapar una sardina, es muy parecido a eso, pero con más elegancia y menos peces.

Después de descender bastante rápido, aplanamos nuestro descenso solo uno o dos pies (60 cm) sobre el lago, nos equilibramos y colocamos el avión sobre el agua. Los flotadores se deslizaron por las tranquilas aguas alpinas y se acomodaron. Nos detuvimos lentamente, apagué el motor y quité las manos de los controles.

Adam y yo nos quedamos en silencio durante un par de segundos, mirando hacia el frente del avión. Luego nos miramos y una gran sonrisa apareció en nuestros rostros.

«¡Lo hicimos! ¡Aterrizamos en el lago!». Gritamos en el silencio mientras chocábamos nuestras manos en la cabina del piloto. Después de todos esos años de mirar y preguntar si se podía hacer, ahora teníamos la respuesta.

Pero eso era solo la mitad de la ecuación. Todavía necesitábamos la respuesta a la otra mitad. ¿Había suficiente lago para salir? Pude ver la mente de Adam analizando las posibilidades y lo que haría. Así que me volteé y lo miré.

—De acuerdo, Adam, *tú* eres el que vas a pilotear para sacarnos de aquí.

Él negó con la cabeza violentamente, como un perro labrador con agua en las orejas.

—De ninguna manera —tenía una mirada severa, como si hablara en serio. Pero yo también hablaba en serio.

Mientras él protestaba, me desabroché el cinturón, salí del asiento del piloto y me moví hacia el asiento del pasajero para dar paso al nuevo piloto. Solo había otro lugar para sentarse, así que

Adam se acomodó en el asiento del piloto, agarró los controles y se quedó mirando. El juego estaba en marcha.

Adam condujo el avión todo el camino de regreso a la maleza en el extremo del lago. Estaba preparando el avión como un velocista que pone los pies en los bloques de salida.

Un Beaver debe ir a cincuenta y dos millas (84 km) por hora antes de que se levante del agua. Si intentas despegar cuando vas a solo cuarenta y ocho millas (77 km) por hora, los flotadores se hundirán en el agua y te harán más lento, y saldrás del lago y golpearás los árboles. Si esperas hasta llegar a setenta millas (112 km) por hora, saldrás del lago y golpearás los árboles. Adam sabía lo que estaba en juego, y le recordé que no perdiera de vista la velocidad porque lo que hiciera determinaría dónde pasaríamos los próximos días.

Necesitábamos cada centímetro del lago para subir y ascender sobre los árboles en el extremo. Algunas veces se hacen oraciones, y otras veces se dicen en nuestras acciones. Adam puso sus manos en los controles y empujó hacia adentro todo el acelerador. Yo dije: «Amén».

Tenía un ojo puesto en el velocímetro mientras el avión tomaba velocidad. Adam lo llevó a treinta y luego a cuarenta millas (65 km) por hora. El avión saltaba sobre la superficie como un bote de esquí. Siguió aumentando la velocidad mientras los árboles en el otro extremo seguían creciendo en el parabrisas. Cuando el avión pasó de cincuenta y dos millas (84 km) por hora, comencé a anticipar el despegue. Adam sabía qué hacer para sacarnos del agua.

Adam ascendió antes de que se nos acabara el lago, y despejamos las copas de los árboles mientras salíamos del cañón.

Adam soltó un gran grito, y yo también exclamé de alegría. Le iba a dar un golpe en el pecho, pero pensé que nos estrellaríamos, así que no lo hice. El lago estaba desapareciendo detrás de nosotros mientras volábamos de regreso a la cabaña. Íbamos sonriendo. Apuesto a que Adam estaba elaborando en la mente la historia que les contaríamos a todos cuando llegáramos.

Me volví hacia Adam y le dije: «Bien, gira el avión y veamos si puedes llevarnos de vuelta al lago». Adam comenzó a sacudir su cabeza otra vez tan fuerte que pensé que se le iba a caer. Teníamos una historia bastante buena, ¿verdad? Luego lo vi cambiar de opinión, y comenzó a girar el avión.

Cuando Adam entró en el cañón, no dije nada.

Cuando comenzó a descender hacia el cañón, no dije nada.

Cuando hizo su giro en el punto ancho en el extremo del lago, lo hizo con gran precisión. No dije nada.

Cuando hicimos el descenso final hacia el lago, Adam empujó el control hacia adelante. Todavía estábamos a cincuenta pies del agua cuando voló por donde yo había aterrizado anteriormente. No dije nada.

Adam aterrizó el avión como un experto y nos detuvimos. Había volado a ese cañón como un joven de dieciocho años, pero cuando el Beaver tocó el agua parecía que tenía treinta y cinco años. Yo parecía tener ciento veinte.

Todo el tiempo que esto sucedía, yo decía dentro de mí: *Aterriza. El. Avión.*

Dios no siempre nos guía hacia la ruta más segura que tenemos adelante, sino hacia aquella en la que más creceremos. Conocía a Adam lo suficientemente bien como para saber que podía aterrizar el avión. Lo había visto hacerlo cientos de veces en aguas más abiertas. Ya le había contado todo lo que sabía. No necesitaba más instrucciones; solo necesitaba ver que yo creía en él lo suficiente como para dejar que lo hiciera. Él no necesitaba más palabras ni saber lo que significaban en griego o hebreo. Solo necesitaba una oportunidad.

Las personas que más han dado forma a mi fe hicieron lo mismo por mí. No intentaron enseñarme nada; me hicieron saber que confiaban en mí. Y eso me enseñó todo. Esos momentos están grabados para siempre en lo que soy. Creo que Dios hace lo mismo con nosotros.

He escuchado a muchas personas decir que desearían poder escuchar a Dios sobre esto o aquello. Tal vez quieren decir que quieren escuchar Su voz audible. No estoy seguro. No creo que lo que la mayoría de nosotros buscamos es escuchar algo literalmente. Lo que en verdad queremos es ese extra de confianza de parte Dios y la oportunidad de avanzar con valentía para hacer las cosas que ya sabemos cómo hacer. Qué vergüenza sería si estuviéramos esperando que Dios *diga* algo cuando Él ha estado esperando que *hagamos* algo. Él me habla más fuerte en el camino. En pocas palabras, si queremos más fe, tenemos que hacer más.

Una parte de mí en verdad entiende las dudas de la gente. Hubo ocasiones en las que he querido escuchar la voz de Dios, en especial cuando era algo que me importaba realmente. La triste verdad es que a menudo estoy haciendo demasiado alboroto para escucharlo. Él no intentará gritar por encima de todo el ruido en nuestra vida para llamar nuestra atención. Él habla con más claridad en la calma que trae la desesperación.

También he llegado a ver el propósito y la belleza en el silencio de Dios. Es como si me estuviera diciendo que conoce los deseos de mi corazón y lo que estoy pensando. Él sabe lo que me ha enseñado. Ha visto cuando he tenido éxito y cuando he fallado. Desde Su punto de vista, todo se convierte en un susurro tácito de Su parte que casi puedo oír: «Tú puedes lograrlo». Su principal prioridad no es eliminar el fracaso como una opción, sino recordarme que me ama mientras lo intento. Hay un versículo en la Biblia que declara: «No menosprecies estos pequeños comienzos». Me encanta eso. Es un recordatorio para mí de que Dios no solo valora los grandes esfuerzos que funcionan y que Él no teme que fracasemos; en cambio, se deleita en nuestros intentos.

Dios sabe que no haremos las cosas perfectas. Si somos honestos, nuestros errores superan nuestros éxitos, probablemente con un amplio margen. Más de una vez, he estado demasiado cerca de las rocas y un poco fuera de posición. Me he acalorado, me he ido un poco de largo, o me he quedado corto en las cosas que he intentado.

Pero Dios no me ha estado gritando instrucciones porque cometí errores, puesto que Él no necesita hacerlo. Su silencio no es indiferencia; es compromiso. No está tranquilo porque se ha quedado sin cosas que decir o tiene miedo del resultado. Es porque Él ya cree en mí, tanto como conoce el resultado. Él ya cree en ti también. Él está tan seguro de que ya sabemos qué hacer a continuación que está dispuesto a guardar silencio incluso cuando le pedimos escuchar Su voz. A Él no le importa tanto como a nosotros si nos desempeñamos a la perfección o no. Él solo quiere que seamos Suyos mientras lo hacemos.

La mayoría no necesitamos más instrucciones; solo necesitamos a alguien que crea en nosotros. Si somos afortunados, Dios nos rodeará de amigos que nos conocen tan bien que han renunciado a tratar de controlar nuestra conducta con infinitas instrucciones y, en cambio, confían en que Dios está trabajando en nuestra vida, incluso que está haciendo cosas que aún no entendemos.

Es perfectamente normal y está bien sentirse asustado, confundido e inmóvil. Nos pasa a todos en un momento u otro. No debemos sorprendernos cuando no comprendemos lo que está haciendo el Dios que declara que sobrepasa todo entendimiento. Dios no quiere que nos estanquemos rascándonos la cabeza o analizando demasiado nuestras circunstancias. Él no envía todas las jugadas para sacarnos de nuestro nerviosismo, y no nos bombardea con instrucciones sobre qué hacer a continuación. En cambio, Él sigue estando *con* nosotros. Él no está del todo en silencio tampoco. Nos ha enviado libros sobre Él y ha incluido muchas cartas, y también nos ha enviado amigos. Nos ha dado éxitos y fracasos, mucho de ambos. Él ha escrito cosas en nuestro corazón como amor, gracia, paciencia y compasión para que podamos escribir esas cosas en los corazones de nuestros amigos. Somos la caligrafía de Dios. Él no hace esto para que nuestras palabras luzcan mejor, sino porque ve la belleza en nuestra vida.

Cuando imaginamos algo donde el resultado parece incierto y no escuchamos la voz de Dios, ¿qué sucede si Dios no nos está diciendo nada porque ya lo dijo? Al igual que mi tiempo volando con Adam sobre el lago, puedo imaginar a Dios sentado al lado de cada uno de nosotros, sin confusión ni miedo, sino confiado en que tenemos toda la información que necesitamos. Es posible que no hayamos tenido la experiencia para las circunstancias a las que nos enfrentamos en este momento, pero nos ha permitido experimentar toda una vida de otras situaciones para prepararnos para lo que vendrá a continuación.

Él sabe que sin riesgo no podemos crecer. Dios no nos prometió una vida segura. En cambio, dijo que nos daría una vida arriesgada, de valentía y con propósito si creemos Su palabra y nos mantenemos comprometidos. A veces Dios está confiadamente tranquilo. No nos da más explicaciones. Él sabe que no necesitamos más instrucción. En el momento en que damos, aunque sea un pequeño paso hacia adelante, lo que Dios ya piensa de nosotros es lo siguiente: *Te amo. Tú puedes lograrlo. Ya sabes lo suficiente.*

¿Qué idea tan grande tienes que no has perseguido porque no sabes si funcionará? ¿A quién has querido llegar con amor, pero temes ser rechazado? ¿Quién ha roto tu corazón? ¿Quién se aprovechó de ti en un negocio? ¿Quién te malinterpretó? ¿A quién necesitas perdonar? Ahora es tu momento. No esperes más. Sabes qué hacer. Tú lo puedes lograr. Ya sabes lo suficiente.

Ve y aterriza el avión.

CAPÍTULO 15

Una bienvenida de parte de Walter

Lo que hacemos con nuestro amor se convertirá
en nuestra conversación con Dios.

Tengo un amigo llamado Walter. Después de que el gobierno fue derrocado en su país, escapó de la cárcel bajo un tiroteo y huyó a Estados Unidos por seguridad. Ahora Walter ayuda a las personas a establecerse aquí después de haber sido expulsados de sus hogares en otros países. Muchos de ellos llegan a los aeropuertos de Estados Unidos directamente desde los campamentos de refugiados de las Naciones Unidas en el extranjero. Se bajan del avión después de haber experimentado años de hambre y sed, desplazamiento y miedo. Confundidos. Asustados. Solos. Llegan como extraños a este nuevo lugar. No se detienen a recoger su equipaje, porque no tienen ropa. Tampoco tienen idea de con quién se reunirán, dónde vivirán o qué harán una vez que lleguen. Son fáciles de detectar cuando se bajan del avión, porque la mayoría todavía tienen etiquetas de la ONU colgando alrededor de su cuello.

Después de bajar del avión, estos huéspedes recién llegados a Estados Unidos caminan con torpeza y vacilantes hacia la terminal de llegada, personas más ocupadas pasan por su lado en los pasillos. La ansiedad crece en sus rostros con cada paso. Entonces todo cambia cuando ven a Walter parado en la puerta con su enorme sonrisa y sus brazos extendidos hacia ellos. Walter da la bienvenida a estas hermosas personas a sus nuevas vidas. Los trata como si fueran Jesús mismo, porque Walter conoce a Jesús, y Él dijo que la forma en que Walter trata a estas personas es la forma en que lo está tratando a Él.

Walter me dejó ir con él al aeropuerto para saludar a los refugiados que llegan. No sabía qué llevar conmigo, así que llevé una docena de globos de helio. Los globos son mi opción para todo, cuando no sé qué llevar. Los llevo a fiestas de cumpleaños, entrevistas de trabajo, citas con el dentista, exámenes del tribunal, al gimnasio, a todas partes, excepto al buceo. Los globos son un código comprendido a nivel internacional para la celebración, la alegría, la bienvenida, la aceptación y el amor.

Creo que el cielo puede ser un poco como el saludo que Walter les da a los refugiados que encuentra en el aeropuerto. Una celebración, un regreso a casa. Ninguno de nosotros necesitará equipaje. (Estoy esperando una gran cantidad de globos cuando llegue a allá; no puedo mentir). Por lo que he leído, tendremos la oportunidad de encontrarnos con Jesús y tendremos una conversación con Él. No es el tipo de debate que alguien tiene cuando lo envían al director de la escuela. Será más un descubrimiento, una revelación de lo que no entendimos durante nuestra vida. Para la mayoría de nosotros, apuesto a que implicará un descomunal desaprendizaje de muchas de las cosas de las que creíamos estar seguros.

Jesús se refirió a dos grupos. Los llamó ovejas y cabras cuando habló sobre la conversación que tendremos con Él, pero se refería a ti y a mí. Dijo que hablaremos sobre cómo tratamos a las personas con las que nos encontramos durante nuestra vida y si los tratamos como si fueran Él. Estas son las personas como las que Walter recibe en el aeropuerto: los hambrientos, los sedientos, los extraños. Personas que están enfermas o que no tienen ropa. Personas bajo puentes y en celdas. Jesús les dijo a Sus amigos que todos oiremos sobre los momentos en que lo vimos durante nuestras vidas, pero que no lo reconocimos, y las pocas veces que sí lo hicimos.

Tengo una larga lista de preguntas sobre las que quiero hablar con Dios cuando nos encontremos. Por ejemplo, me gustaría saber cómo decidió dónde colocar las cascadas en Yosemite. ¿Las has visto? Son enormes y majestuosas. Y también quiero saber sobre el Medio Domo de Yosemite, ¿dónde está la otra mitad? Lamentablemente, parece que ninguna de las preguntas en mi lista son los temas que Jesús querrá discutir conmigo. Jesús no querrá hablar sobre nuestras elecciones ni juicios, quién obtuvo la rosa de un soltero o quién recibió la bota de un jefe. Parece que lo que más le importa es cómo tratamos a las personas que se cruzaron en nuestra vida. Querrá hablar sobre si les dimos un abrazo o alguna ayuda muy necesaria. Todo esto porque Él dijo que si hacíamos cosas buenas por los que estaban solos, dolidos y aislados en el mundo, realmente lo estábamos haciendo por Él.

Puedo escuchar cómo será la conversación con el primer grupo que hizo lo correcto pero que no sabían que lo estaban haciendo por Jesús.

«Espera. ¿De verdad? ¿Eras tú? ¡No puede ser! ¿El chico con todas las palabrotas tatuadas? ¿La prostituta? ¿El hombre en la cárcel? ¿El niño en Uganda? ¿El abogado? ¿El maestro de escuela? ¿El político?». «No sabíamos que eras tú. Solo decidimos amar a las personas de la manera que Tú nos enseñaste».

El segundo grupo se sorprenderá de lo que escuchan decir a Jesús. Este grupo no tenía la intención de ser mezquino ni indiferente. Se parecen mucho a ti y a mí en esto. Estoy seguro de que hubieran estado más que dispuestos a ayudar a Jesús si Él se los hubiera pedido, pero cuando llegaron personas hambrientas, sedientas, enfermas o extrañas, o cuando llegaron personas sin ropa, no supieron qué hacer, así que no hicieron nada.

No era que estuvieran en desacuerdo con Jesús o que se cruzaron de brazos y se negaron a ayudar. Su error fue simple. De hecho, es el tipo de error que cometo casi todos los días; sencillamente no reconocieron que estas personas eran en realidad Jesús. Estas personas no se vestían como Él ni hablaban como Él, ni actuaban como Él. De hecho, todo lo contrario. Vivieron de una manera e hicieron cosas que eran bastante opuestas a cómo Jesús vivió. Algunas de las cosas que hicieron los llevaron a la cárcel o los dejaron en posiciones peligrosas. Jesús sabía esto, y dijo que, si queríamos estar con Él, dejaríamos de jugar a lo seguro e iríamos a hablar *con* ellos en lugar de hablar *de* ellos.

He vivido la mayor parte de mi vida como un hombre del segundo grupo. Simplemente he estado demasiado ocupado y he sido demasiado bueno en mantener mi distancia de las personas que no entiendo para saber lo que necesitaban en realidad. Claro, los noté, pero no estaba lo suficientemente cerca como para reconocer que no eran solo personas heridas y solas, sino que era a Jesús mismo a quien estaba evitando. Es lamentable, pero a veces solo pretendo que me importan las personas que están sufriendo. La forma en que sé esto es simple: no hago nada para ayudarlos. Diré que estoy demasiado ocupado para ayudar a alguien necesitado cuando no es tiempo lo que me falta, sino compasión. En resumen, me conformo con solo esperar, en lugar de ayudar realmente.

Todos conocemos personas como Walter. Personas que parecen tener todo el tiempo del mundo para otros. La razón es sencilla: Walter piensa que cada persona necesitada que conoce es Jesús. Las personas que se están convirtiendo en amor hacen que esto parezca fácil.

Como padre, sé que, si alguien quiere hacer algo bueno por mí, lo hace por mis hijos. Los buenos padres son así. Cuando alguien hace algo increíble por mis hijos, ni siquiera tienen que decírmelo. Los padres siempre parecen averiguarlo. Las madres lo saben incluso antes de que suceda. Apuesto a que así es como Dios se siente. Jesús declaró que cuando regalamos amor y satisfacemos las necesidades de las personas pobres, necesitadas, aisladas y lastimadas, lo estamos haciendo por Él. Incluso aunque no lo sepamos. Él dijo que, si queremos hacer algo bueno por Dios, lo debemos hacer por Sus hijos. Y tampoco necesitamos hacer un gran alboroto por eso. Él lo descubrirá. Los buenos padres lo hacen.

He conocido a muchas personas que dicen que están esperando que Dios les dé un «plan» para sus vidas. Hablan de este «plan» como si fuera un mapa del tesoro que Dios ha guardado en su bolsillo trasero. Solo los piratas tienen esos mapas. Las personas que quieren una razón para demorarse a menudo esperan planes. Las personas que se están convirtiendo en amor no lo hacen. Es como si Jesús supiera que inventaríamos excusas con el pretexto de esperar por Su «plan», así que lo simplificó para nosotros. Dijo que Su plan para todos nosotros era amarlo a Él y luego ir y encontrar a los hambrientos, los sedientos, los que se sienten como extraños, los enfermos, los desnudos, los encarcelados, los que nos asustan o los que son nuestros enemigos, y amarlos como si fueran Él.

Partido. Determinado. A jugar. Podemos dejar de buscar otro plan, eso es todo.

En lugar de solo estar de acuerdo con Jesús, comencé a buscar en mi vida el tipo de personas de las que Jesús dijo que estaríamos hablando cuando finalmente nos encontremos con Él al otro lado del umbral del cielo. Tenía la esperanza de poder encontrar a un solo hombre hambriento y sediento, enfermo, extraño, desnudo y en la cárcel. De esta manera podría hacerlo todo de una vez. Sin embargo, no funciona así. He descubierto que se trata de todos. Somos todos nosotros, de una manera u otra. Soy yo. Eres tú. Es la persona a tu lado en la cafetería en este mismo momento. Sé que es difícil de creer, pero son Jesús, incluso los que se ven y actúan de manera tan diferente a Él.

No hagas esto más complicado de lo que es. Solo comienza. Ve a buscar a alguien que tenga hambre en este momento y haz algo al respecto. He escuchado a mucha gente decir que dar a los pobres una caña de pescar es mejor que darles comida, pero no los veo regalando muchos peces *ni* cañas.

Tenemos un lugar de comida rápida llamado In-N-Out Burger cerca de nuestra casa. Compraré veinte hamburguesas y luego conduciré por la ciudad y preguntaré a la gente que encuentre si tienen hambre. Si tienen, les doy una hamburguesa. No escribo pequeños mensajes en la envoltura como «Jesús te ama…». ¡Si alguna vez te has comido una hamburguesa doble, *sabes* que Él te ama!

Ve y busca gente extraña y dale la bienvenida a tu vida. Puede que ya tengas toda una familia de ellos; nadie se dará cuenta. Mantén botellas de agua en tu automóvil y encuentra personas sedientas. Ve a un hospital y busca a los enfermos y regala amor y curitas y quizás uno de tus riñones. Las personas desnudas son un poco más difíciles de encontrar, pero tenemos una playa nudista no muy lejos. Me paro en lo alto del acantilado y lanzo calcetines por el borde. Aquí está la cuestión: no solo estés de acuerdo con Jesús. Ve a visitar las cárceles y haz unos cuantos amigos allí. Ni siquiera necesitas cometer un delito grave para entrar. Solo pide permiso al director.

Haz estas cosas y no solo volverás a encontrar tu fe; encontrarás a Jesús. Aún mejor, tendrás muchas cosas de las que hablar con Él por toda la eternidad en el cielo. Ese es el plan.

CAPÍTULO 16

El costo de la gracia

La gracia no cuesta tanto como pensaba.

Actualmente recibo muchas llamadas telefónicas porque dejé mi número de teléfono móvil en la parte posterior de casi un millón de copias de mi último libro, *El amor hace*. Jesús estuvo disponible para todos, y trato de recordar el poder de involucrarme con extraños cuando recibo docenas de llamadas de ellos cada día. Las personas no siguen una visión; siguen la disponibilidad. Ya no envío las llamadas al buzón de voz. Inténtalo por una semana. Amar a las personas como Jesús lo hizo significa vivir una vida llena de interrupciones constantes. Atiende las llamadas. Interrumpe tus días. Sé excesivamente disponible y serás como Jesús.

Hay un niño que me llama cada tres semanas y me dice malas palabras. Soy abogado y pensé que había escuchado todas las malas palabras antes. Evidentemente, hay algunas nuevas porque él me ha gritado unas cuantas. Lo gracioso es que nunca hemos llegado a hablar de por qué está enojado. Cada vez que llama, antes que cuelgue, le digo: «Siempre atenderé tu llamada». He aquí por qué: no quiero que suba a una torre con un rifle o le diga estas cosas a alguien que acaba de salir de una reunión de moteros. Lo matarán.

Tengo al joven etiquetado en el identificador de llamadas como «chico vulgar» porque necesito prepararme antes de cada ocasión en que me llama para darme una reprimenda. ¿Es justo que él me diga cosas malas? Por supuesto que no. Pero esto es lo que está cambiando en mí: ya no quiero lo que es justo. Quiero ser como Jesús. Es una distinción que vale la pena hacer.

Un día, estaba en mi oficina con una persona que tenía algunos problemas legales. Sonó el teléfono y le expliqué a la persona que nunca envío las llamadas al buzón de voz. Me disculpé y contesté el teléfono. Me decepcionó escuchar una grabación en el otro extremo.

«Hola, tienes una llamada de…».

Colgué. No necesitaba cuchillos de cocina, eliminador de manchas o la oportunidad de inversión que estaba seguro el vendedor por teléfono estaba ofertando. Regresé a mi reunión y retomé la conversación donde la había dejado.

Unos minutos más tarde, el teléfono volvió a sonar. Un poco avergonzado, me disculpé por la siguiente interrupción, descolgué el teléfono y escuché la misma grabación.

«Hola, tienes una llamada de…».

Supuse que esta vez solo escucharía el final de la grabación y presionaría el botón para que no me llamaran más. El mensaje grabado continuó: «Tienes una llamada de la Penitenciaría del Estado de Sacramento. Presiona el número 5 para tu llamada y se te cobrará $ 9,95 en tu factura telefónica». Espera, ¿qué? Inmediatamente presioné el 5 varias veces. Quería ver con quién terminaría. ¿Quién no querría?

Mi orgullo tenía la conversación enteramente resuelta antes de que comenzara. Sin duda, había un tipo que había sido encarcelado en Sacramento. Supuse que alguien quizás le había dado el libro *El amor hace* para leer mientras estaba encerrado, y tal vez me estaba llamando para decirme que había leído el libro y que yo era una gran persona. Me sentí inflado de orgullo inmerecido cuando alguien tomó la llamada en el otro extremo.

—Hola, habla Bob —dije, mientras esperaba que los elogios comenzaran a fluir. Hubo una pausa. Y luego se oyó la voz severa de un hombre.

—¿Dónde está Shanice?

Me quedé pasmado. Ni siquiera me estaba llamando a mí. Era un número equivocado. Se desinfló mi orgullo; le dije al compañero que Shanice no estaba conmigo, que era yo, Bob. Dio un suspiro de decepción y colgó.

Me reí de mí mismo y de mi estúpido orgullo y volví a mi conversación legal. Entonces el teléfono volvió a sonar.

«Hola, tienes una llamada de... Se te cobrará $ 9,95...».

Presioné el número 5.

—Hola, habla Bob.

—¿Llamarías a Shanice por mí? —dijo el preso.

Comencé a reír.

—Amigo, me encantaría ayudarte, pero no estoy seguro de cómo podría hacer eso por ti —entonces recordé que podía presionar un botón de mi teléfono e invitarla a unirse a la llamada—. Déjame tratar de insertarla. ¿Cuál es su número?

Me lo dio y de inmediato comprendí por qué se había equivocado y me había marcado a mí en primera instancia. Su número era casi idéntico al número en la parte posterior de *El amor hace*.

Marqué el número. Sonó un par de veces antes de que alguien contestara, pero no era Shanice. Era un hombre. No estaba tratando de escuchar, pero era una llamada en conferencia, así que yo también estaba en la línea.

—¿Dónde está Shanice? —preguntó mi amigo de la cárcel.

—Ella está conmigo ahora —gruñó el otro hombre, y luego colgó.

Estaba muy triste por mi nuevo amigo de la cárcel, pero también podía entender lo complicadas que pueden ser las relaciones y por qué la gente sigue adelante con sus vidas cuando alguien amado está en prisión por largo tiempo. Colgué el teléfono, sacudí la cabeza y volví al trabajo.

Y entonces el teléfono volvió a sonar.

«Hola, tienes una llamada de…». Presioné el 5.

—¿Llamarías a mi madre?

Me reí. Era como si yo fuera el conserje de este hombre.

—Puedes apostar amigo. ¿Cuál es su número? —le dije, divertido por cómo estaba resultando mi día. Marqué el número que me dio.

El teléfono sonó un par de veces, y mientras todavía estábamos solos los dos en la línea, le dije que me parecía genial que llamara a su madre. En el quinto timbrazo, su madre respondió. Se dijeron unas cuantas cosas entre ellos, luego mi nuevo amigo dijo:

—Mamá, solo quería llamar para que sepas que te amo.

Ella no dijo nada en respuesta. Y colgó.

Yo lo había escuchado todo. Estábamos solo mi amigo de la cárcel y yo en el teléfono una vez más. No sabía qué decir, así que exclamé: —Hombre, siento mucho lo sucedido. Eso tiene que doler—. Estaba pensando que tal vez había tratado de comunicarse con su novia o su mamá porque iba a pedirles ayuda, así que le dije: —Oye, ¿qué es lo que necesitas, de todos modos?

Hubo otra pausa como si estuviera decidiendo si confiaba lo suficiente en mí como para pedir. Entonces mi nuevo amigo dijo con timidez: —Necesito un brazalete.

Había pensado en una larga lista de cosas que podría haberme pedido: un pastel con una sierra para metales dentro, una buena excusa para salir de allí, mentas para el aliento, pero no pretendía gastar mi dinero para comprarle un brazalete.

—¿Quieres usar un brazalete? —le pregunté ingenuamente mientras trataba de visualizar a este hombre luciendo un brazalete de oro cubierto con lentejuelas mientras empujaba un banco de 350 libras en el patio de la prisión.

—No, no. He estado en la cárcel por cuatro años y he calificado para ser liberado con un brazalete de tobillo. Solo necesito pagar por él.

Para los que no están familiarizados, un brazalete de tobillo es lo que la policía les pone a las personas que quiere seguir de cerca como condición de su liberación. Sin perder el ritmo, dije: —Amigo, te lo compraré. ¿De qué color lo quieres? —ambos nos reímos, y él dijo que no los hacían de diferentes colores, solo con cerradura.

Al día siguiente, me puse en contacto con la prisión para poder comprarle a este hombre un brazalete de tobillo. Me dijeron cuánto costaba. Jadeé y tuve que aguantarme el pecho. Hice que el hombre me repitiera la cifra porque pensé que había oído mal la primera vez. No tenía idea de cuánto costaba sacar a un delincuente. Pero hice una promesa, así que escribí el cheque. Asumo que el hombre recibió su brazalete porque la prisión declaró que lo liberaron unos días después. No he sabido nada de él desde entonces, pero sé que tiene mi número de teléfono.

Aquí está la cuestión: no necesitamos ponerle brazaletes a todas las cosas buenas que hacemos para Dios como si estuviéramos tratando de llevar el control de ellas. De hecho, Él dijo que hiciéramos todo lo contrario. Jesús habló de no dejar que una de tus manos supiera lo que está haciendo la otra. Tal vez hay varias razones por las que dio esta metáfora, pero entre ellas están las cosas que hacemos por los pobres, los enfermos, los extraños o los que están en la cárcel. Él ya lo sabe todo porque es Él.

Cuando estaba en la escuela primaria, dramatizamos la obra clásica de *Peter Pan*. Me presenté para el personaje de Peter, pero no podía cantar, ni bailar, ni volar, así que no lo conseguí. (En realidad, *puedo* volar, pero no se lo digas a nadie). Sin embargo, obtuve una parte. Mi título oficial fue Árbol # 4. No tenía que decir nada. Ni siquiera tenía nombre, como arce, abedul o roble. Mi función era solo pararme allí, sostener mis brazos sobre mis hombros, mover mis dedos y parecer un árbol. No se mencionó mi nombre en el programa que entregaron. No me dieron ramos de rosas al comienzo ni a la clausura de la noche. No conseguí una habitación en los bastidores con una estrella o una hoja en la puerta, y no hubo fiesta del elenco para celebrar mi actuación. ¿Sabes qué? ¡Me encantó! He aquí por qué: sabía lo que se necesitaba; mi papel era claro y no era demasiado complicado. En resumen, sabía lo que tenía que hacer allí. Muchos de nosotros no lo hacemos.

Algo cambia para muchos de nosotros después de dejar la escuela primaria. Intentamos convertirnos en el héroe o la víctima de cada historia. Algo sale mal y queremos ser la víctima; algo va bien y queremos ser el héroe. No parece importar lo que sea, siempre que nosotros seamos el centro de todo. Pero si hacemos que todo sea sobre nosotros, nunca será sobre Jesús. He entendido que no somos los héroes y no somos las víctimas de todas las historias que suceden a nuestro alrededor. Solo somos el árbol # 4.

No fui el héroe por conseguirle al hombre un brazalete electrónico de tobillo. No fui la víctima porque me costó mucho dinero. Solo estaba haciendo el tipo de cosas que Jesús dijo que hacen las personas que están tratando de convertirse en amor. Solo estaba siendo el Árbol # 4 en la vida de este hombre que estaba en la cárcel.

Aun cuando lo hacemos bien, a menudo no lo hacemos bien. Esto es lo que quiero decir: Jesús sabía que algunos de nosotros nos sentiríamos tentados a contarles a todos los que escucharan todas las cosas que habíamos hecho. Él habló de los religiosos que se paraban en las esquinas, pero realmente estaba hablando de personas como yo. Tal vez estaba hablando de ti también. Declaró que, si hacíamos un gran alboroto por lo que hemos hecho ahora, con la esperanza de que alguien aplauda, esa sería nuestra recompensa. No necesitamos ser el héroe en la historia de cada persona. Jesús ya dejó claro esa parte. Cuando haces algo por Él cuando parece estar hambriento, enfermo, sediento, extraño, desnudo o en la cárcel, no lo arruines haciendo un gran alboroto. Una vez escuché a alguien decir: «Si quieres aplausos, únete al circo». Si quieres hablar de eso con Jesús por toda la eternidad, quédate en silencio.

Cuando le conté a mi dulce María sobre mi amigo de la cárcel, ella pensó que estaba loco. Quién sabe, tal vez tiene razón. Los dos nos reímos al pensar que volveríamos a casa un día pronto y veríamos a este hombre con un brazalete de tobillo, caminando por la calle y cargando nuestro televisor de pantalla plana. Espero que no lo haga, pero será una gran historia si lo hace. Debería ser lo mismo para ti. Adelante, arriésgate. Eres simplemente el árbol # 4. No necesitas un gran guion; Jesús tiene el papel principal, y sabe cómo hacerlo. Lo único que necesitas es un par de brazos suspendidos en el aire como ramas y unos pocos dedos para mover.

Supongo que mi amigo de la cárcel fue a hacer cosas estupendas con su vida, pero incluso si no lo hizo, yo lo hice, y fue por lo que aprendí de él. Me dio un tema más para hablar con Jesús, quien no necesita nuestra ayuda con los hambrientos, los sedientos, los enfermos, los extraños, los desnudos o los encarcelados. Lo sé, porque se lo pregunté. Él quiere nuestros corazones. Él nos permite participar, si estamos dispuestos, para que aprendamos más de cómo se siente con respecto a nosotros y cómo se siente con respecto a las personas que quizás hayamos estado evitando.

Hay un capellán y un grupo de muchachos increíbles en una prisión en Michigan y otra en Minnesota que me enseñan algo sobre el amor cada uno o dos meses. Intercambiamos cartas, y he ido a visitarlos. Otro grupo de prisioneros comenzó su propio equipo de «Poner en práctica la Biblia». Muchos de ellos están allí para toda la vida. Pensaron en lo que podían hacer por otros mientras estaban encarcelados. Movieron sus dedos y usaron lo que tenían. Por $ 1,10 pueden comprar calcetines de la cárcel en la comisaría. Me los envían por correo y yo se los reparto a estos hombres. Es posible que no podamos caminar en sus zapatos, pero sí podemos caminar en sus calcetines.

Creo que estos muchachos entienden mucho más que yo a lo que Jesús se refería. La invitación de Jesús no fue complicada. Dijo que fuéramos a buscar a las personas que sufren y que están solas y aisladas, las que lucen mal o que han hecho algo malo, y que de ellas aprendamos en qué consiste nuestra fe. ¿Las personas en nuestras cárceles cometieron grandes errores? Puedes apostar. ¿Es fácil ver sus mayores fracasos? Por supuesto. No estoy seguro de por qué Jesús declaró que debíamos visitar a las personas que habían fallado en grande como mi amigo con el brazalete, pero me pregunto si es porque Él sabía que nosotros también fallaríamos.

Cuando lleguemos al cielo, habría pensado que Jesús querría hablar sobre nuestras fabulosas organizaciones, sobre lo buenos que fuimos o los cargos que ocupamos. Tal vez estas cosas saldrán a relucir, pero lo dudo. En cambio, declaró que querrá saber cómo tratamos a los que más habían fallado.

Hoy en día, recibo decenas de llamadas de las cárceles de todo el país, y nunca las rechazo. Creo que los prisioneros se están pasando el libro *El amor hace* de celda en celda. Cada vez que atiendo una llamada, recibo un cargo en mi factura telefónica de $ 9,95. No respondo las llamadas porque estoy buscando nuevos amigos. Lo hago porque Jesús dijo que teníamos que hacerlo, y vine a jugar, no a mirar.

En *El costo del discipulado*, Dietrich Bonhoeffer dijo que hacemos que el costo de la gracia sea muy poco. Una vez escuché a mi amigo Mike Foster decir que hacemos que la gracia cueste demasiado. Sinceramente, no sé quién está en lo correcto. Tal vez los dos tengan razón. Realmente no he tratado de averiguar cuánto cuesta la gracia. Pero algún día sé que podré hablar con Jesús al respecto, y supongo que Él me dirá que la gracia cuesta aproximadamente $ 9,95.

CAPÍTULO 17

Mi balde

*¿Cómo está tu vida funcionando para
las personas que te rodean?*

Me han preguntado bastante cómo mi vida está funcionando
para mí. Es una pregunta justa, supongo. Más que una pequeña conversación, lo que mis amigos *en verdad* quieren saber es
cómo me van las cosas. Creo que una mejor pregunta es: *¿Cómo está
tu vida funcionando para las personas que te rodean?* Porque si nuestra vida no funciona para las personas que nos rodean, no funciona
para nosotros tampoco.

Tengo un amigo cuya casa fue cubierta con papel higiénico.
Fue un desastre ecológico, algo así como la versión blanca de Exxon
Valdez. Fue un trabajo realmente increíble. Cientos de rollos de papel higiénico se habían extendido sobre el césped y los arbustos.
Alguien debe haber sido el mariscal de campo del equipo de fútbol
de la escuela secundaria local, porque había serpentinas de papel
higiénico de treinta metros de largo colgando desde las ramas del
enorme pino.

Me preguntaba cómo mi amigo quitaría las serpentinas más
altas del árbol, y poco después supe que agarró una caja de fósforos
y encendió el extremo de una de las tiras de papel higiénico. Mala

idea. Fue como un detonador. La llama saltó sobre el papel higiénico, atrapando cada tira que se cruzaba en el fuego. En segundos, partes del árbol se habían incendiado. Una de las ramas cayó sobre el techo del garaje del vecino, que tenía noventa centímetros de profundidad en agujas de pino desde el árbol, y se incendió. La vida de mi amigo no estaba funcionando para las personas a su alrededor.

¿Cómo está tu vida funcionando para las personas que están más cerca de ti? Yo siempre estoy apurado. Me pongo los dos calcetines a la vez. Me ato los tenis mientras corro para ahorrar un par de minutos. Pido sushi en los restaurantes para no tener que esperar a que cocinen el pescado, y ni siquiera me gusta el sushi. Cuando no tengo prisa, paso mi tiempo con impaciencia. ¡Es tan extremo que a veces creo que pongo nervioso al café!

Aunque vivir mi vida de esta manera me ha funcionado bien a mí, comencé a preguntarme cómo estaba funcionando para las personas que me rodeaban. Así que les pregunté. ¿Sabes lo que descubrí? Mi impaciencia los estaba volviendo locos.

Unas semanas después de hacer la pregunta, encontré un hermoso libro para niños que cambió todo para mí. Era un libro sobre baldes, y su premisa era sencilla: nos convertiremos en lo que ponemos en nuestros baldes. Sabía que necesitaba llenar el mío con paciencia.

Decidí poner el libro a prueba, así que fui a una ferretería y compré un balde de metal. Lo llevé conmigo a todas partes durante tres semanas como un experimento. El balde estaba hecho de aluminio galvanizado y tenía un mango de alambre. Parecía un ganadero productor de leche. Llevaba mi balde conmigo en autos, en veleros, en el metro, a todas partes. Las personas en los aviones me preguntaban si tenía un problema en la vejiga. «En realidad —decía en tono de broma—, lo tengo. Pero luego decía—: Tengo un problema aún mayor. Soy *realmente* impaciente». Les dejaba saber cómo el balde es un recordatorio de que debo llenar mi vida con paciencia todos los días.

Si llenamos nuestros baldes con muchos negocios, nos convertiremos en negociantes. Si los llenamos de discusiones, nos convertiremos en abogados. Si los llenamos de un espíritu crítico, nos convertiremos en cínicos. Si los llenamos de alegría, experimentaremos una increíble felicidad. Creí en la enseñanza que encerraba el balde tan incondicionalmente, que un día llené el mío con donas salpicadas solo para ver qué me sucedería.

Aquí está el mensaje sencillo que Jesús tiene para nosotros: si llenamos nuestros baldes con amor, podemos convertirnos en amor realmente.

Tengo un amigo llamado Randy Phillips. Él es un hombre increíble que pastorea una iglesia aún más increíble llamada LifeAustin. También tiene una banda llamada Phillips, Craig y Dean. Sé que suena como un bufete de abogados, pero no lo es. Randy me pidió que fuera a hablar a su iglesia un domingo. Me había llamado casi con un año de anticipación y me dio la fecha para el servicio del domingo. Me alegré ante la oportunidad de estar con Randy; pero de lo que no me di cuenta hasta que finalmente llegó el fin de semana fue que la fecha que eligió era el domingo del Supertazón. No veo mucho fútbol durante la temporada, soy demasiado impaciente; pero me encanta ver el Supertazón. En realidad, lo que me encanta ciertamente es estar con mi dulce María y comer nachos. El Supertazón me da la excusa que necesito para hacer ambas cosas.

No paso muchas noches lejos de mi esposa. Sucede de vez en cuando y en viajes al extranjero. El resto del tiempo, por lo general, ella me deja en el aeropuerto cada mañana a las 5:30. Nunca me pregunta a dónde voy, y nunca pienso en decírselo. Casi siempre voy a algún lugar durante el día y luego vuelvo a casa para la cena en la noche. Cuando alguien le pregunta dónde estoy, ella siempre responde lo mismo: «Él está de camino a casa», porque siempre lo estoy. Por supuesto, hay noches que no puedo volver. No nos sentimos mal por eso cuando pasa; solo intentamos que no suceda con frecuencia.

Soy una persona bastante enérgica, por lo que viajar y estar rodeado de mucha gente funciona bien para mí. Sin embargo, lo que funciona para mi dulce María es tenerme en casa. El hecho de que ella está allí, hace que estar en casa funcione bastante bien para mí también. Así que no pienso en todas las razones por las que no podría estar en casa; yo simplemente llego. He volado de Atlanta a San Diego para la cena y he regresado a la costa este al día siguiente. He estado haciendo esto durante años. Pasé más de veinte años viajando desde San Diego a Seattle cada mañana, y volvía a casa para cenar por la noche. Nuestros hijos estaban en la escuela secundaria antes de que se dieran cuenta. Cuando lo descubrieron, exclamaron: «Papá, dijiste que trabajabas en el centro».

«Sí», respondí con una amplia sonrisa; nunca me preguntaron en qué ciudad. No estoy tratando de ser eficiente en la forma en que amo a mi dulce María y a nuestros hijos; estoy tratando de estar presente. Hay una gran diferencia entre ambas cosas. Una cosa que he aprendido de Jesús es que el amor sin reservas nunca se desperdicia. El tuyo tampoco se desperdiciará si sigues corriendo a casa.

Cuando terminé de hablar en el último de los varios servicios en la iglesia de Randy, me subí a mi auto rentado y corrí al aeropuerto para llegar a casa a tiempo para las últimas jugadas del Supertazón. Iba a ser apretado, como de costumbre. Cuando llegué al lote de devolución de autos de renta, había un par de filas con un asistente al frente de cada una. Escogí mi fila y comencé a esperar. No pasó nada durante varios minutos, así que estiré el cuello por la ventana para ver por qué era el atraco. Al frente de esta fila, un asistente miraba fijamente al aire como si intentara recordar las palabras de una canción de los Rolling Stones. Comencé a menear mi pie sobre el freno con impaciencia. Golpeé mis dedos en el panel de instrumentos del automóvil. Después de cinco minutos, dejé salir un audible y exasperado «¿de verdad?» en mi auto vacío. Mientras tanto, la fila a mi lado se movía muy bien. Estaba más que un poco molesto, no lo puedo negar, hasta que la fría verdad vino a mi mente. Yo elegí a «ese hombre».

Ya sabes de quién estoy hablando. Las únicas velocidades que parecía tener eran lento, detener y retroceder. Me senté en mi auto de renta, con los dedos aún tamborileando sobre el volante, esperando a que tomara conciencia. El auto frente a mí comenzó a avanzar poco a poco, pero luego volvió a detenerse. Temporadas enteras cambiaron mientras esperaba. Avancé de nuevo. Estaba a la altura de mi frustración cuando noté mi balde en el asiento del pasajero. Se me había olvidado por completo.

«Llénalo con paciencia —me dije una y otra vez—. Llénalo con paciencia». Finalmente, el asistente avanzó con lentitud hacia mí. He visto a los glaciares moverse más rápido. Abrió la puerta con suavidad y preguntó: «¿Cómo fue tu experiencia con el auto rentado?».

En los viejos tiempos, simplemente lo habría cronometrado con mi balde o habría hecho una broma para hacerle saber qué tan mal trabajo estaba haciendo y cómo me había hecho perder mi vuelo.

Sin embargo, esta vez algo diferente estaba ocurriendo dentro de mí. Durante veinticinco minutos, había hecho todo lo posible por llenar mi balde con paciencia. Esta vez, en lugar de hacer el comentario sarcástico que con facilidad me vino a la mente, le dije al hombre mientras salía de mi auto: «Lo pasé muy bien. El auto fue increíble. Tú eres increíble. Los aviones son impresionantes. La vida es asombrosa. Espero que tengas un gran día». Ni siquiera me reconocía a mí mismo. Era como si un ventrílocuo me hubiera puesto la mano en la camisa y me estuviera moviendo la boca y diciendo cosas por mí. Esto ciertamente no sonaba como la antigua versión de Bob hablando. ¿Y sabes qué? No era. Era un balde lleno de paciencia el que hablaba.

Había perdido mi avión, por mucho. Salí del auto con mi balde y comencé a caminar hacia la terminal para reservar un nuevo vuelo. Había avanzado hasta la mitad del estacionamiento cuando el hombre de la renta de autos vino corriendo detrás de mí y puso su mano en mi hombro. Casi sin poder respirar, me dijo: «Oye, solo quiero que sepas —se detuvo para recuperar el aliento antes de continuar—, fue un gran sermón el que compartiste en la iglesia».

¿Tú estabas allí?, pensé mientras contenía un grito de exclamación.

Ay, hombre, si él supiera lo que estaba pasando por mi mente mientras estaba sentado en la fila antes de acordarme de mi balde en el asiento del pasajero.

Podemos fingir todo lo que queramos en el escenario, en el púlpito, en el campo, en el trabajo o en nuestras comunidades de fe, pero es la forma en que nos relacionamos con la persona encargada de la renta de autos, la que embolsa los comestibles, el cajero del banco o el que pone los neumáticos de los automóviles, lo que permite a todos saber dónde estamos realmente con Jesús. Todavía me equivoco más de lo que hago bien, pero estaba tan agradecido de haber llenado mi balde con las cosas correctas ese día. Todas las palabras y emociones que de otro modo hubiera lanzado habrían destrozado a este hombre y me habrían mostrado el hombre impaciente y egoísta que todavía estoy tratando de poner bajo control.

Las personas descubrirán lo que realmente creemos al ver lo que en verdad hacemos. Todo el mundo tiene un plan, pero Dios está buscando personas que conozcan su propósito. Cada vez que trato de hacer que se vea de otra manera, la mayoría de las veces hago que todo sea sobre mí. Que se trate de mi horario y de mi tiempo, de cómo me siento y de cuánta prisa tengo. Algo así como Pablo en la Biblia, hablo bien, pero hago exactamente lo que dije que no haría y no hago lo que dije que haría.

Me tomó algo de tiempo, pero estoy empezando a actuar como si mi propósito fuera amar a Dios y a las personas a mi alrededor de la misma manera en que Jesús amó a las personas a Su alrededor. Por mucho que me gustaría hacerlo más complicado y tener más pasos para poder encontrar algo de cobertura para mi falta de acción, es realmente así de simple. Amar a mis prójimos, incluso cuando es el hombre de la devolución de autos de renta que castiga con su lentitud, significa que tengo que encontrar una nueva forma de involucrarme con ellos. Para lograr esto, necesito hacerlo con una cantidad irrazonable de paciencia, amabilidad y comprensión.

Todos enfrentamos dificultades. Es lo que hacemos entonces lo que define quiénes somos. Durante los momentos en que estoy confundido, mis sentimientos han sido heridos, o estoy agotado o frustrado, estoy aprendiendo a llenar mi balde con amor. Las personas no crecen donde son plantadas; crecen donde son amadas. Saber cosas de la Biblia es estupendo; pero yo cambio una docena de estudios bíblicos por un balde lleno de aceptación, y la verdad sea dicha, también lo harían todos los que nos rodean.

Aunque pelearle al hombre de la renta de la forma en que quería hacerlo al principio podría haber funcionado para mí por unos momentos mientras soltaba algo de humo, la conversación no habría funcionado para él. Debido a que había estado llenando mi balde con paciencia, estoy seguro de que tuve la conversación que debía haber tenido con el hombre de la renta de autos ese día. Como resultado, solté mucha gracia en el mundo. Es así de sencillo y de difícil. El hombre que se sube a la plataforma de la iglesia necesita ser el mismo al final de la fila de la renta de autos. Si no puedes hacer eso, deja de conducir o sal de la plataforma. Unir esas dos personas diferentes tomará toda una vida, y un balde bastante grande.

Mi hija, Lindsey, es maestra. Un año, cuando enseñaba prescolar, me dijo que estaba trabajando en la libreta de calificaciones. Lindsey no dio calificaciones de A, B y C como yo estaba acostumbrado en la escuela. Ella dio letras diferentes a los estudiantes. Por ejemplo, una «D» significaba que habían *dominado* el plan de estudios. Una «L» significaba que habían *logrado* el nivel propuesto para su grado. Mi calificación favorita, por mucho, fue la que les dio a los estudiantes que no habían podido captar en sus mentes todo el contenido. Esos niños obtuvieron una «N». ¿Sabes lo que significa eso? «No todavía». ¿No es hermoso?

Jesús no nos da calificaciones, y estoy agradecido por eso. Él es el único que ha amado a la gente con perfección. Ninguno de nosotros recibirá amor, bondad o sacrificio a la perfección. Todos estamos haciendo lo mejor que podemos. Aunque nunca he tratado de calificar mi fe, si lo hiciera, creo que habría bastantes áreas en las que me daría una «N». Por más que quisiera que fuera de otra manera, no estoy todavía allí.

Lo triste es que todavía no estoy allí en algunas de las cosas que Jesús dijo que eran las más importantes para Él. Por ejemplo, obtengo una «N» cuando se trata de amar a las personas que tienen buenas intenciones, pero hacen que seguir a Jesús se sienta como una tarea que debe completarse durante un castigo de fin de semana en lugar de un banquete con Él. Todavía no estoy al punto de amar a las personas que alejan a otros de Jesús por su comportamiento, en lugar de atraerlos con amor. Esto incluye a aquellos que esperan encontrarse con personas en la línea de meta en lugar de darse cuenta de que todos estamos en la línea de partida en nuestra fe. Simplemente todavía no estoy allí en la manera en que trato a las personas que me han frustrado o que me han frenado. También obtengo una «N» por no ser tan amoroso y acogedor con las personas con las que no estoy de acuerdo, como Dios quiere que sea.

Todavía no amo a Dios con todo mi corazón, mi alma y mi mente, como Él me lo pidió. Creo que sí, pero luego veo cómo trato a las personas que son diferentes a mí y, a menudo, me parezco a un hombre que está buscando un buen negocio en su fe, en lugar de uno que se ha rendido a ella. Dicho todo esto, Dios no mide las cosas como nosotros lo hacemos y no nos califica en un gráfico de líneas.

El primer paso es darse cuenta de que, aunque obtengamos una «N» en Él, Él nos ama de todos modos, y nos ayudará a encontrar la fuerza y la valentía para cambiar. Jesús nunca tuvo problema con las personas que conocían sus defectos; no toleraba a los que fingían. Una vez que nos damos cuenta de dónde estamos en realidad y de nuestra desesperante necesidad de Él, Dios tiene una persona con la que puede hacer algo.

Cuando llegué a casa desde Austin, le conté a mi dulce María todo sobre mi viaje, la estupenda iglesia de Randy y el hombre de la renta de autos. Le referí cómo me senté en la fila y llené el balde con paciencia. Ella asentía mientras yo agitaba mis brazos, y me miró con una sonrisa y un brillo en sus ojos mientras le contaba cuánto había progresado en ser paciente. Cuando terminé, le pregunté qué pensaba de todo lo que estaba aprendiendo. Con la sinceridad de la Madre Teresa y la sabiduría de todos los tiempos, se inclinó hacia mí y me susurró: «Consigue un balde más grande».

Ahora que lo pienso, me doy cuenta de que me veía bastante tonto caminando con mi balde, pero probablemente luzco aún más tonto caminando con todo mi orgullo, egoísmo e impaciencia. Sobre todo, para las personas más cercanas a mí, para las que mi vida no estaba funcionando. Es probable que lo mismo sea cierto para ti y para los que amas. Ahora, cuando me siento abrumado por las distracciones, cuando alguien hiere mis sentimientos o me siento un poco impaciente, tomo mi balde. Todavía me equivoco mucho más de lo que quiero. Cuando lo hago, en lugar de castigarme a mí mismo y desear ser el hombre que lo tenía todo resuelto, escucho la voz suave y amable de Jesús que me recuerda una vez más que debo dejar de regar tierra donde Él ha plantado semillas en mi vida. Su razón es sencilla: Él está más interesado en hacernos crecer, que en hacernos lucir terminados. Quiere que me dé cuenta de que todavía no estoy del todo allí.

CAPÍTULO 18

Una lluvia de cocodrilos

Todos vamos a «nuestra» iglesia.

Recibí una llamada de una pequeña iglesia en Alabama y me preguntaron si quería hablar en una de sus reuniones. El joven que llamó explicó que el lugar donde se reunían estaba ubicado en una pequeña ciudad de la que yo no había oído hablar antes. Iba a ser un largo viaje para llegar allí, así que le pedí que me contara un poco más sobre el evento.

—Bueno —dijo con un excelente acento sureño y una pausa—, estamos teniendo una lluvia de co[...]os —se escuchó una interferencia.

—Una lluvia de... ¿cocodrilos? —me pregunté con asombro—. ¡Cuenten conmigo! —le respondí.

¿Qué otra información necesita un hombre? Comencé a reorganizar todo lo que tenía en el calendario y compré un boleto de avión. Sentí que me había vuelto a convertir en un chico de secundaria que estaba a punto de quitarle los neumáticos al auto del director.

Al crecer en el sur de California, nunca había estado en una lluvia de cocodrilos. Ni siquiera había visto un cocodrilo, excepto en el Discovery Channel. Estaba imaginando lo maravilloso que sería cuando los cocodrilos comenzaran a caer como globos desde el techo cuando yo entrara. Algo así como cuando un presidente es elegido. Excepto que los globos tendrían dientes y colas grandes y se verían realmente peligrosos hasta que las personas de allí los convirtieran en cinturones, zapatos y maletas. Me preguntaba si los cocodrilos rebotaban cuando golpeaban el suelo o si simplemente empezaban a morder a las personas en el aire. Estas son cosas importantes que debía saber. *¿Qué es lo que un hombre debe llevar puesto para una lluvia de cocodrilos?* Me preguntaba. *¿Camuflaje? ¿Armadura? ¿Nada en absoluto?* No estaba seguro.

Llegué para el evento y me dirigí a un enorme almacén donde iba a tener lugar la lluvia de cocodrilos. Llegué a la puerta, hinché mi pecho, respiré profundo y exclamé en voz alta: «Tráiganlos» mientras abría la puerta y entraba. Solo me tomó un momento darme cuenta de que me había equivocado terriblemente. Este lugar no estaba lleno de cocodrilos como esperaba; estaba lleno de papas. Una gran cantidad de papas. Miles de ellas. Parecía que todas las papas alguna vez cosechadas estaban allí. Y mucha gente también. No todos los de Alabama, pero la mayoría.

Un hombre joven se me acercó, extendió su mano y se presentó como el muchacho que me había invitado. Todavía estaba un poco confundido y seguía mirando hacia el techo. No quería ser grosero, pero después de un par de incómodos minutos de conversación, me animé a preguntarle:

—Entonces, ¿dónde están los cocodrilos y de dónde salen?

Me miró por un segundo, medio sonriendo y meneó la cabeza.

—¿Cocodrilos?

—Sí —le dije—. Ya sabes, la lluvia de cocodrilos.

Una enorme sonrisa creció en su rostro y explotó en una carcajada.

—Esto no es una lluvia de cocodrilos. ¡Es una lluvia de cultivos!

—Una lluvia de... ¿cultivos? —pregunté, más que un poco decepcionado.

Eso explicaría todas las papas, pero todavía no lo entendía. Me explicó que había unos campos a las afueras de la ciudad. Cuando los cultivos son cosechados a máquina, muchas de las papas se quedan en el suelo después. Todas las iglesias en el área se reúnen y rastrojan los campos para recoger las papas que las máquinas dejaron y luego las embolsan para los pobres y hambrientos en la comunidad.

—Todos estamos embolsando papas aquí. Queremos hacer un buen uso de lo que queda abandonado.

Era una imagen tan hermosa de lo que la iglesia es y de quiénes nosotros debemos ser. Dentro del almacén, no había etiquetas de nombres, ni miembros, ni identidades separadas, ni programas de construcción, ni camisetas que combinan, ni discusiones sobre teología, ni de quién tenía la razón y quién estaba equivocado. Solo se trataba de un grupo de personas que embolsaban alimentos abandonados para regalarlos a las personas de la comunidad que probablemente también se habían sentido abandonadas. Las personas que se están convirtiendo en amor pierden todas las etiquetas porque saben que no las necesitan.

La noche antes de que Jesús muriera, Su oración por nosotros fue que fuéramos «uno». Sabía lo que era ser «uno» con Su Padre, y expresó que quería eso para nosotros. Fue una oración por la unidad, no la igualdad. Sabía que el evangelio no era un cúmulo de reglas que obedecer; era una Persona a la cual seguir y ser uno con ella. Él quería que viviéramos en las creaciones hermosas y únicas que Dios nos hizo ser. En pocas palabras, podemos ser «uno» sin ser los demás.

Las personas en el almacén esa noche no se veían a sí mismas como un grupo de iglesias que se unían para participar en un programa. Eran una sola iglesia, cumpliendo su propósito. Apuesto a que si les preguntabas a qué iglesia van, señalarían a todos los que ayudan y te dirían que todos van a «nuestra» iglesia. Nuestra iglesia está hecha de personas como tú y como yo a quienes Jesús no pasó por alto solo porque nos equivocamos. Él no nos dio una membresía; Él nos dio un mensaje. Es el mismo mensaje que vi esa noche cuando un grupo de personas embolsaban papas en Alabama. Se dieron cuenta de que, si seguir a Jesús no los guiaba a los pobres, a los hambrientos, a los abandonados, entonces en realidad no estaban siguiendo a Jesús.

La historia es literalmente tan antigua como el tiempo, pero Dios amó tanto lo que creó en el universo, que hizo que la gente lo disfrutara. Quizás pensamos que, porque Dios nos hizo, deberíamos hacer algo bueno por Él a cambio, así que le construimos muchos edificios y comenzamos a ir a ellos los domingos por la mañana y los miércoles por la noche. Me encantan los edificios de la iglesia. Paso casi todos los fines de semana en uno. El problema es que Dios declaró que no vive en edificios hechos por hombres; en cambio, podemos encontrarlo en las personas que creó y que quieren que sus vidas se parezcan a la de Él. ¿Él usa los edificios? Por supuesto. ¿Él ama que nos reunamos en ellos para adorar? Absolutamente. Nada lo deleita más. ¿Él los necesita? Ni por un instante. Él nos tiene, nosotros lo tenemos a Él, y nos ha dado los unos a los otros. Ha sido Su plan desde el principio. ¿Debemos reunirnos como una comunidad en torno a Jesús? Sí, de continuo. ¿Dónde? En todo lugar. Tú escoges. Él quiere nuestros corazones; no le importa la dirección en la que nos reunimos.

Una vez hablé con un hombre que dijo que la iglesia había herido sus sentimientos y por eso se estaba yendo. Le respondí: «No puedes irte de la iglesia, tú *eres* la iglesia». Ese hombre es parte de nuestra iglesia. Tu iglesia es parte de nuestra iglesia también. Incluso si no crees que vas a una iglesia, eres parte de nuestra iglesia. En nuestra iglesia no hay nada a qué unirse, solo Jesús. Probablemente, esta es la razón por la que Jesús les dijo a Sus amigos, que donde se reúnan dos o más personas que lo siguen, Él está allí.

Me preguntan todo el tiempo: «¿A qué iglesia vas?». Como puedes imaginar, mi respuesta siempre es la misma: Voy a nuestra iglesia. No estoy tratando de esquivar la pregunta cuando respondo esto; estoy tratando de ser preciso. Aprendí esto en una «lluvia de cocodrilos».

Hay un pastor amigo mío que realmente no tiene su propia iglesia. En lugar de eso, durante años reunió personas en su comunidad de muchas iglesias diferentes. Él solo quería que fueran uno como Jesús le expresó a Su padre que quería que nosotros fuéramos uno.

Había unas miles de personas que se reunían cada uno o dos meses, y mi amigo me pidió que hablara en una de las reuniones. Realmente no necesitaban un nombre para lo que estaban haciendo. Son personas normales, como tú y yo, que piensan que es suficiente estar juntos, agradecer a Dios y dejar atrás todos los nombres, las etiquetas y las distracciones.

Lamentablemente, recibí una llamada de mi amigo un par de días antes de que fuera a compartir. Me dijo que acababa de recibir la noticia de que, a su hijo, que tenía ocho años en ese momento, le habían diagnosticado leucemia. No existe una buena versión de esta enfermedad, pero su hijo tenía una mala versión.

—Oh, no. ¿No deberíamos cancelar el evento? —pregunté en el teléfono que se había hecho pesado en mi mano.

—No —respondió—. Honestamente, necesito estar cerca de la gente esta semana más que nunca.

Salí unos días después y me quedé impresionado por la unidad que este grupo había desarrollado a lo largo de sus años juntos. Cuando terminé de compartir, vi a mi amigo sentado en la primera fila mirando hacia el piso. En algunas comunidades de fe, es una tradición imponer las manos sobre alguien que está sufriendo. No era parte de mi tradición de fe, y si no has visto esto antes, no es una gran cosa mística. Es solo una manera de mostrar apoyo, amor y comunión. Estaba pensando en hacer eso, pero para ser sincero, solo serían los dos hombres que estaban junto a él y tres personas quienes lo tocarían, y las personas en la fila cincuenta solo tocarían a las personas en la fila cuarenta y nueve. Entonces tuve una idea. ¿Qué pasa si toda la multitud lo carga?

Mi amigo se mostró un poco sorprendido cuando les pedí a todos que se pusieran de pie. Le pedí a cuatro hombres fuertes que lo levantaran sobre sus cabezas y les dije a todos que, en lugar de poner las manos sobre él simbólicamente, íbamos a poner las manos sobre él *literalmente* mientras lo pasábamos. Antes de que terminara la frase, ya tenían a mi amigo en el aire y lo habían pasado unas cuantas filas hacia atrás. Se recostó con los brazos extendidos durante la siguiente media hora mientras miles de manos estaban sobre él. Era un hombre envuelto en agonía y en amor. Esto es lo que somos y para lo que fuimos creados como comunidad. Esa es nuestra iglesia.

No necesitamos hablar solo de elevar a otros en oración cuando están sufriendo. En cambio, levántense los unos a los otros realmente. No me refiero a esto como una metáfora. En serio, camina detrás de alguien que está sufriendo y levántalo del suelo. No tengas miedo, solo hazlo. No tendrás que decirles que estás orando por ellos, ellos lo sabrán. Si te estás preguntando dónde están los amigos de Jesús, simplemente encuentra a personas cuyos pies están a treinta centímetros del suelo porque alguien más los está levantando. Acabas de encontrar nuestra iglesia.

Algunas veces hacemos que la iglesia sea mucho más complicada de lo que Jesús quería que fuera. Cuando era joven, había una rima que decía: «Aquí está la iglesia, y aquí está el campanario. Abre las puertas y ve a todo el vecindario». Mientras la recitaba, yo entretejía mis dedos juntos con los dedos índice tocándose para hacer el campanario. Con mis palmas abiertas, movía a todas las «personas» en la iglesia. Apuesto a que has hecho lo mismo un par de veces. Era solo una rima divertida entonces, pero significa mucho más para mí ahora.

Lo que vi cuando era joven era una iglesia abierta de par en par en mis manos. Todos los dedos moviéndose hacia el mundo. No obstante, algo que causa que el mundo se desvíe en gran manera es cuando se ve bajo el campanario un montón de dedos apuntándose unos a otros. Cada vez que vamos a la iglesia y nos apuntamos con los dedos, traicionamos a Jesús con otro beso. En «nuestra» iglesia, vamos para encontrarnos con Él, no para criticarnos unos a otros.

Dios llama a la iglesia Su novia. Es una metáfora hermosa, llena de amor, anticipación y compromiso. ¿Alguna vez has ido a una boda donde la novia entra y un hombre en la cuarta fila levanta una tarjeta con un «7» como lo hacen en los Juegos Olímpicos, y le susurra a la persona que está a su lado: «Las he visto mejores»?

¡Por supuesto que no! La novia se roba el espectáculo. Siempre.

¿Sabes qué hace que la novia se vea estupenda? No es el vestido elegante, ni el edificio, ni las flores, ni la música. Esas cosas son geniales, pero lo que hace que la novia se vea estupenda es que todos en el lugar saben que el novio la eligió para que fuera suya y que ella lo eligió a él para que fuera de ella. Los dos no pueden esperar para estar juntos por siempre. Creo que esta es la razón por la que Dios nos llama Su novia.

Esta imagen de la iglesia me ayuda a entender algunas de las preguntas más difíciles que he tenido sobre cómo Dios nos ve a todos. Es bastante fácil de entender, en verdad. Dios nos ama y quiere estar para siempre con nosotros. Somos Su novia. Él no ve todos nuestros defectos; Él solo nos ve a nosotros. Dios no sostiene una tarjeta de puntuación mientras caminamos. Él ve a Jesús. Es así de sencillo. La forma en que nuestra iglesia volverá al lugar de amor y aceptación del que la Biblia habla es mantener nuestros ojos en el Novio en lugar de mirarnos unos a otros. Podemos guardar todas las tarjetas de puntuación.

Tal vez si pasáramos un poco más de tiempo mirando al Novio, comenzaríamos a vernos a nosotros mismos de la manera en que Él lo hace. Para Dios, lucimos estupendos. ¿Tiene problemas nuestra iglesia? Puedes apostar. No obstante, Él continúa escogiéndonos para difundir Su amor por el mundo. No estoy seguro de porqué. Para ser honesto, yo no lo haría, pero Él declaró que nos escogió, y eso es lo único que necesito saber para ser parte de la celebración. Somos la novia de Cristo, no por cómo lucimos, sino por la persona a quién estamos tratando de imitar. Esa es nuestra iglesia.

CAPÍTULO 19

No. Tengan. Miedo.

Cuando tienes todo el poder,
no necesitas todas las palabras.

Nuestra familia ha pasado mucho tiempo en África. Mi yerno, Jon, es ingeniero e hidrólogo y lleva años construyendo presas subterráneas en Mozambique. Lindsey ahora va con él. María, Richard, Ashley y Adam también han viajado a África. Cuando llegué a Uganda por primera vez en el 2001, el país todavía estaba en medio de una guerra civil de veinticinco años, alimentada por Joseph Kony y el Ejército de Resistencia del Señor. Yo no conocía a casi nadie allí. En un principio, había ido a Uganda para ayudar a amigos cuya organización sin fines de lucro había tenido algunos problemas con uno de sus proyectos. Mientras estaba allí, comencé a preguntarme si podría ayudar a este país de alguna manera, aunque fuera pequeña.

Soy un abogado bastante bueno y, sabiendo que Dios a menudo usa aquello en lo que somos buenos para guiarnos a lo próximo que debemos hacer, me dirigí al palacio de justicia. Tal vez podía encontrar a alguien allí que me permitiera saber cómo podía ayudar. Cuando llegué, había soldados con ametralladoras en todas las entradas y las salidas. Se estaba llevando a cabo un juicio contra algunos de los opositores políticos del presidente, quienes habían sido acusados de traición. Esto era un crimen capital, y se añadía al momento ya tenso que el país enfrentaba. La última vez que se había celebrado un juicio por traición, bajo el exlíder Idi Amin, se produjeron quince muertes por fusilamiento. Eso fue hace años, pero nadie sabía cómo terminaría esto.

Vi una oficina de aspecto directivo con más hombres y ametralladoras alrededor que todas las demás, así que me dirigí allí, pensé que alguien importante debía estar detrás de las puertas. Pasé por delante de los soldados, revisé los dispositivos de seguridad de sus ametralladoras cuando pasé y entré en la oficina a través de una gran puerta. Detrás de un enorme escritorio de madera había una mujer agradable que me preguntó en qué podía ayudarme. Sin saber de quién era la oficina, simplemente pregunté si podía ver al juez.

—¿Tiene una cita?

—No realmente —respondí, mirando hacia abajo—, pero he recorrido dieciocho mil millas (27 000 kilómetros) para llegar aquí.

—Un momento —dijo, mientras se levantaba de su escritorio y desaparecía detrás de otras puertas enormes. Regresó unos momentos más tarde y dijo—: El juez lo verá ahora.

Oculté mi sorpresa y pasé junto a ella a través de la puerta, tratando de actuar con confianza y abogacía. El juez estaba sentado detrás de un escritorio enorme, escribía algo, y no levantó la vista cuando entré. Cuando miró hacia arriba, se levantó e hizo un gesto con la mano hacia un asiento.

El saludo correcto para un juez en Uganda es «mi señor». Al principio toma un poco de tiempo acostumbrarse a decir esto. Donde crecí, esta frase está reservada para los hombres en el Libro de Salmos que hablan a Dios. En San Diego, estamos más acostumbrados a llamar a alguien «amigo» que «señor». Pero yo había practicado en el espejo esa mañana hasta que lo logré, así que estaba listo. El juez me preguntó por qué estaba en Uganda y le respondí que era abogado y que las únicas calificaciones que tenía eran que amaba la justicia, que amaba a la gente y que quería encontrar un lugar donde pudiera ayudar.

Hablamos de sus hijos, de mis hijos, de la esperanza y de cómo se habían cerrado los tribunales ugandeses en la mitad norte del país durante más de una década, mientras se desataba la guerra civil. Cuando nuestro tiempo se estaba terminando, ambos nos pusimos de pie. Le di la vuelta al escritorio y lo abracé fuertemente. Creo que se quedó un poco sorprendido. Le dije que me gustaba dar abrazos. Me respondió que a él no, y esa era la razón por la que tenía hombres con ametralladoras que vigilaban su oficina. Saqué mi llavero, tomé la llave de la puerta principal de nuestra casa y se la di. Tenía mi primer amigo en Uganda.

Resultó que este no era un juez cualquiera. Era el presidente del Tribunal Supremo de Uganda. Eso explicaba las ametralladoras. Había escrito la constitución de la nación cuando se declararon independientes de Gran Bretaña, y era el segundo hombre más poderoso del país. A veces, esperamos un permiso, un plan, un llamado o una señal mística de Dios antes de comenzar algo. Supongo que podría funcionar de esa manera. Sin embargo, lo que he descubierto es que cuando buscamos un plan, Dios a menudo nos envía una persona.

Desde hace algunos años soy profesor adjunto en la Escuela de Derecho de la universidad Pepperdine. A algunas personas les resulta difícil imaginar que enseño en una de las mejores escuelas de derecho de nuestro país. Lo sé, a mí también me resulta difícil. En mi primer año allí, pensé que tenía que parecer y actuar como un gran erudito. Ya sabes, fumar pipa, usar chaleco y rascarme la barba. Ese tipo de cosas. Ahora, en el primer día de clase, solo agito mis brazos sobre mi cabeza y les digo a todos: «¡Van a pasar el examen del tribunal!».

La clase que imparto es sobre el fracaso. Cada semana, traigo a uno de mis amigos que ha fracasado frente a casi todas las personas en la tierra. Haber fallado en grande, al menos un par de veces, es casi un requisito para ser mi amigo, de lo contrario no tendremos mucho en común. El objetivo de la clase es sencillo. No quiero que estos jóvenes abogados piensen que son ganadores porque ganan un caso, o perdedores porque pierden uno. Quiero que sepan que son participantes porque lo intentaron. Solo son el árbol # 4.

Llevé a Jason, uno de mis buenos amigos, a la clase. Hizo uno de los videos más solicitados en la historia de Internet. Él es brillante, atractivo, sensible e infinitamente creativo. En menos de una semana, su video fue descargado más de cien millones de veces. En la mañana del undécimo día, después de que cien millones de personas habían visto el video, me invitó a su casa. Estábamos sentados en el piso de la cocina comiendo panqueques cuando algo dentro de él colapsó y comenzó a sacarse toda su ropa. Me aferré a él en un intento por mantenerlo dentro de la casa, pero él se escapó. Salió corriendo y cayó en manos del noticiero TMZ frente a millones de personas. Afortunadamente, nadie supo que yo era el hombre que sostenía sus calzoncillos, tratando de ponérselos una vez más.

Mi amigo había cometido un error provocado por algo que estaba más allá de su control. Aquí está lo importante que aprendí de él: él no cree que todavía está desnudo en la esquina. Muchos de nosotros pensamos que nuestros grandes errores nos descalifican; Dios considera que nos preparan. Jason sigue siendo tan creativo como valiente, y con carácter y valor ve la brillante esperanza que su futuro le ofrece al mundo. Él está soñando, inventando y explorando una vez más. Él está aprendiendo y regalando esperanza y alegría otra vez. En una palabra, él ve lo que la mayoría de nosotros no vemos. Él ve en quién se está convirtiendo, y es en esto: se está convirtiendo en amor. A veces, Dios usa las cosas más difíciles de nuestra vida para mostrarnos las cosas más precisas, si tenemos el valor para recibir un poco de gracia.

Dicen que si eres profesor adjunto en Pepperdine, necesitas tener horas de oficina, pero no dicen dónde. Yo paso mis horas en la isla Tom Sawyer en Disneyland todos los miércoles desde las diez de la mañana hasta las dos de la tarde. Les digo a los estudiantes de Pepperdine que, si tienen una pregunta y noventa y cinco dólares, deberían ir a verme. Estoy dispuesto a apostar que soy el único en el Reino Mágico con una computadora portátil y un montón de papeles para calificar. Lo que es más gracioso es que solo ha habido pocas ocasiones en las que he ido a mi oficina en la isla Tom Sawyer y había menos de diez personas esperándome.

Supongo que hay muchos lugares a los que puedo ir para encontrarme con la gente. La Escuela de Derecho de Pepperdine tiene una gran cantidad de salas de conferencias. Incluso he oído que hay una oficina que puedo usar, pero a la que nunca he ido. Me reúno con las personas en Disneyland porque el lugar donde nos reunimos moldea los debates que tendremos. Todos hemos experimentado esto, pero pocos ponemos esta idea en práctica cuando estamos organizando nuestras reuniones. No es una tontería reunirse en un conjunto de columpios o en el set de una película, en un parque, en un museo de aviones o en una gran tienda de juguetes. Los he usado todos. Cada uno es atractivo, creativo y divertido a su manera. La ubicación impulsa el contenido. Es por eso que deberíamos ser tan exigentes con el lugar donde hablamos como con el tema que debatimos. Si tienes la conversación correcta en el lugar correcto, acabas de tener la conversación correcta. Sin embargo, si tienes la conversación correcta en el lugar equivocado, simplemente tuviste la conversación incorrecta.

No creo que las personas envejezcan. Creo que simplemente pierden su imaginación y terminan pareciendo viejos. La isla Tom Sawyer me recuerda quién soy y en quién me estoy convirtiendo. Es un lugar que Walt Disney creó, donde la gente no se quedaría en las filas para siempre, podrían correr, saltar y recordar quiénes son en realidad. La mayoría de las personas pasan más tiempo buscando las llaves de su auto que su imaginación. Quiero mantener mi imaginación cerca, donde pueda encontrarla. La descubro todos los miércoles en mi oficina.

Después de varios viajes a Uganda, le pregunté al presidente del Tribunal Supremo si alguna vez consideraría visitar Estados Unidos. Respondió que, si algún día viajaba a Estados Unidos, le gustaría ver mi oficina porque yo había visto la suya. Unos años más tarde, cuando llegó al aeropuerto internacional de Los Ángeles, le pregunté si todavía quería ver mi oficina. Dijo que quería que fuera nuestra primera parada. Pasamos por todos los rascacielos que se alzan sobre el Bulevar Wilshire en Los Ángeles y seguimos hacia el sur. Estoy seguro de que se preguntó más de una vez a dónde íbamos. Poco después, nos detuvimos en el estacionamiento de Disneylandia. Salió del auto y me preguntó:

—¿Tienes una oficina aquí?

—Por supuesto que sí —le respondí—. ¡Deberías ver mi barco pirata!

Con antelación, había mandado a hacer orejas de Mickey Mouse para él. Al frente tenían bordadas la frase *El jefe* en costuras amarillas. Cuando le puse las orejas, le dije que era una norma que todo el que viniera a Disneylandia por primera vez tenía que usar las orejas de Mickey Mouse todo el día. Así que lo hizo.

Lo llevé al crucero por la jungla para que supiera cómo era África en realidad, luego nos dirigimos hacia el paseo de Indiana Jones. Cuando terminó el viaje, me volví hacia él, mis brazos aún en el aire, y pregunté:

—¿No te pareció como en la película?

El juez se quedó perplejo y preguntó: —¿Hay una película?

Sabía que nunca nos quedaríamos sin temas de conversación. Más tarde, vino a nuestra casa y sacó la llave de su bolsillo. La metió en la cerradura y la giró tentativamente. Por supuesto que funcionó, y se viró hacia mí con una sonrisa de un kilómetro y medio de ancho.

Antes de que partiéramos de Disneylandia, el juez y yo nos trasladamos en balsa a la isla Tom Sawyer. Nos sentamos en mi oficina y hablamos nuevamente de los niños, de la justicia y de la esperanza. Nuestra conversación dio un giro sobrio cuando hablamos de hechiceros y sacrificios de niños. Para los oídos modernos, esto suena como algo que podría haber ocurrido hace cien años o más, pero está sucediendo ahora. Casi un millar de niños son secuestrados por hechiceros cada año solo en Uganda. La creencia entre los hechiceros es que la cabeza, la sangre o las partes privadas de sus víctimas tienen poderes mágicos. Los entierran en cimientos de edificios y los usan para ceremonias y para otras prácticas horribles. Las madres protegen a sus bebés mujeres recién nacidas perforándoles las orejas al nacer, con la esperanza de que ya no representen un sacrificio perfecto.

Miles de personas en Uganda se han visto afectadas por los hechiceros, sin embargo, en la historia del país, nadie había tomado la decisión de poner a los hechiceros bajo el sistema legal. En parte, esto se debe a que las jóvenes víctimas nunca sobreviven. La otra realidad es que muchos, incluidos algunos jueces, les tienen miedo. Le pregunté al juez principal si me dejaría ser parte de un juicio contra un hechicero si alguna vez encontráramos una víctima que sobreviviera. Dijo que lo haría. Fue la conversación correcta en el lugar correcto.

He estado viajando a Uganda con regularidad durante casi dos décadas con una organización sin fines de lucro que inicié bajo el nombre Love Does [El amor hace], cuyo objetivo es ayudar a los niños de todo el mundo. Hemos tratado casos de menores atrapados injustamente en prisiones, y tenemos escuelas y casas de refugio en Uganda, Irak, Somalia, Nepal e India para niños que necesitan educación y para niñas que han sido rescatadas de circunstancias horribles.

En un viaje a una prisión en la selva de Uganda, lejos de toda ciudad importante, conocí a una niña. Tenía trece años y había estado en prisión por dos años. Le pregunté al director cuál era el cargo y él dijo que estaba detenida por secuestro. Ella había sido acusada del crimen, llevada a prisión el mismo día y había permanecido encerrada durante dos años sin haber entrado nunca a una sala de juicio.

Es imposible descifrar por completo a alguien en una visita breve, pero simplemente no percibía el «yo soy una secuestradora» en aquella niña, así que le pregunté qué había sucedido. Me contó que le habían pedido que llevara una niña a su madre en una aldea vecina. Por supuesto, tú y yo habríamos hecho más preguntas, pero ella era una joven campesina que estaba acostumbrada a hacer lo que se le decía. Llevó la bebé a una choza y la puso en los brazos de alguien que creía que era la madre. Tan pronto como salió de la choza, oyó

182

llorar a la bebé. No era el llanto normal de un pequeño. Era un llanto de desesperación.

Resultó que aquella mujer no era la madre de la bebé en absoluto. La habían engañado para que llevara la bebé a una hechicera para un sacrificio de niños. Antes de que le quitaran la vida a la bebé, la niña campesina se apresuró a volver, la agarró y corrió a su casa. Para entonces, los aldeanos se habían dado cuenta de que la bebé había desaparecido, y cuando ella regresó con la niña, fue arrestada.

El director estuvo presente durante esta conversación, así que le pregunté en qué cárcel tenía a la hechicera que iba a sacrificar a la bebé. Quería conocer la otra versión de la historia. El director negó con la cabeza; no se había hecho ningún arresto. No se habían hecho preguntas. Nadie fue tras la hechicera. «¿Qué?». Casi grité. Fue el momento en que decidí hacer algo.

Alguien me preguntó qué escribiría si solo tuviera seis palabras para mi autobiografía. Esto es lo que se me ocurrió: *¿y si ya no tuviéramos miedo?* A lo largo de la historia, Dios ha pronunciado tres palabras con más frecuencia que cualquier otra cuando las personas que amaba estaban asustadas y confundidas, perdidas o solas, paralizadas o atascadas. En esos momentos, Él, por lo general, no dio un gran discurso. Simplemente dijo a Su pueblo: *No. Tengan. Miedo.*

La policía no arresta a los hechiceros porque les tienen miedo, y los jueces no juzgan los casos contra hechiceros por la misma razón. Mientras me alejaba de la prisión después de conocer a esa niña de trece años, sucedieron dos cosas. Primero, conseguí un juez y fijamos una fecha para llevar su caso a juicio, lo que más tarde resultó en su liberación y el regreso a su familia. Lo segundo fue igualmente sutil y poderoso. No fue una voz audible, pero fue como si tres palabras fueran tatuadas en mi corazón ese día. Apuesto a que sabes cuáles fueron. Sabía que íbamos a buscar a una hechicera y a llevarla ante la justicia. Quería que todos los hechiceros supieran que ya no les teníamos miedo.

CAPÍTULO 20

Hechiceros y estrados de testigos

La valentía viene de todos los tamaños.

Kabi era el jefe de todos los hechiceros en su región del norte de Uganda. Tenía mi edad y no tenía cabello en su cabeza, ni barba en su cara, ni sonrisa. Era como si todo el odio en su vida se hubiera concentrado en su rostro. Estaba consumido y tenía una mirada dura; sus ojos inyectados en sangre tenían un tono amarillento. Kabi era la persona más malvada que alguna vez haya conocido.

Un niño de ocho años, al que llamaremos Charlie, caminaba a casa desde la escuela cuando Kabi lo secuestró. Llevó a Charlie a la selva, le cortó sus partes privadas y lo dejó por muerto. Pero Charlie no murió. Kabi fue arrestado poco tiempo después, y por primera vez en la historia de Uganda, tuvimos a uno de los líderes de los hechiceros y una víctima que estaba viva.

En cuanto supe de Charlie, de inmediato tomé un avión para ir a ver a mi amigo, «El jefe». Debido a que habíamos tenido la conversación correcta en el lugar correcto en la isla Tom Sawyer, sentí una gran sensación de anticipación de que algo grande se estaba desarrollando. El avión no podía volar lo suficientemente rápido.

Cuando aterricé en Uganda, conduje varias horas hacia la selva para encontrarme con Charlie por primera vez. Charlie estaba vestido con ropa suelta y miró hacia abajo, con miedo de hacer contacto visual. Había pasado por mucho y se notaba. Un poco antes, ese mismo día, él había identificado a su atacante en una alineación desde una distancia en la prisión. Le hice algunas preguntas, pero estaba claro que no estaba en condiciones de hablar. Nuestras conversaciones vendrían mucho más tarde.

Después de este primer encuentro con Charlie, fui a reunirme con un alto tribunal de justicia para preguntarle si estaría dispuesto a que el caso contra Kabi fuera llevado a juicio en su corte. El ambiente en su oficina se sentía pesado mientras hablábamos, como si estuviera agobiado por la tremenda gravedad del momento. Ambos sabíamos lo que estábamos discutiendo. Este sería el primer caso de Uganda en el que se buscaba la pena de muerte contra un hechicero. Era un territorio inexplorado. Podría funcionar, y podría ser un fracaso total. ¿Y entonces qué?

Los hechiceros se habían apoderado de todo el país usando el temor. Cuando nos dispusimos a llevar a juicio el caso contra Kabi, debo admitir que estaba más que un poco escéptico sobre si podríamos encontrar un juez lo suficientemente valiente para asumir este caso. Todas las probabilidades indicaban que no lo lograríamos, pero en una semana este juez valiente estuvo de acuerdo. Teníamos una sala de audiencia y una fecha de juicio para el primer caso de Uganda contra un hechicero. Resultó que no éramos los únicos que queríamos pelea.

Cuando los hechiceros locales descubrieron quién era el juez que había tomado el caso, comenzaron a aparecer en su casa e hicieron algunas cosas bastante espeluznantes. Él podría haber retrocedido. Muchos lo habrían hecho. Sin embargo, él rodeó su casa de guardias con muchas armas. Gran amor a menudo implica gran riesgo. Este asombroso juez estaba dispuesto a luchar contra las tinieblas. Se estaba convirtiendo en amor.

La fecha del juicio se fijó para varios meses después. Antes del juicio, hice varios viajes de ida y vuelta a Uganda para reunirme con los testigos, la policía, los investigadores y Charlie. Finalmente llegó el día para que comenzara el juicio. Kabi llegó en cadenas, rodeado por una docena de soldados bien armados.

Algunos nos estábamos hospedando al frente del tribunal en una choza. Nuestro director rural, a quien llamamos «John Dos Literas», había arreglado todo. Llevamos un proyector, un generador y una pantalla para dar evidencia visual de lo que sucedió. Teníamos carpetas llenas de notas y documentos legales para explicar cuáles eran las leyes del país. Un alto tribunal de justicia y varios líderes tribales estarían presentes. Uganda aún usa el sistema británico en el poder judicial, por lo que todos llevan pelucas empolvadas de blanco, capas negras y camisas blancas con vuelos. Es impresionante, incluso más en este entorno en la selva de Uganda. Los soldados rodearon el juzgado mientras el juez daba el martillazo para poner orden.

Habíamos recibido permiso del juez para grabar el juicio porque era el primero de este tipo en el país, así que compré una cámara nueva que me costó más que mis dos primeros autos cuando estaba en la universidad. John Dos Literas estaba operando la cámara. En un momento dado, yo estaba haciendo preguntas en el juicio y vi a Kabi mirar a John y mirar fijamente a la cámara. La cara de John se redujo a ceniza y de repente tuvo que quitar su ojo del lente ocular. En uno de los descansos, John me mostró el video clip. Cuando Kabi levantó la cabeza y comenzó a mirar hacia la cámara, el video se convirtió en una imagen estática en blanco y negro como un televisor que deja de funcionar. Asumí que la mirada mortal del hechicero estaba cubierta por la garantía de Nikon, así que compartimos una risa nerviosa, conseguimos otra cámara y volvimos al trabajo. Las personas como John, que se están convirtiendo en amor, se distraen, pero no por mucho tiempo.

La próxima sesión sería el testimonio de Charlie. Cuando el juez volvió a convocar el juicio, Charlie entró en la sala. Le pidieron que dijera la verdad y le preguntaron qué había pasado. Este niño de ocho años se levantó del tamaño de una montaña, señaló a Kabi y dijo: «Ese es el hombre que intentó matarme». Charlie me recordó a otro niño con cinco piedras lisas frente a un gigante. Este chico no retrocedió, y Charlie tampoco. La sala del tribunal estaba en silencio mientras todos presenciaban su valentía. Sin inmutarse, Charlie dio los detalles de lo que le había sucedido.

A veces me he preguntado qué diferencia puede hacer una persona en el mundo. Tengo un plato rojo en casa que dice que «soy muy especial». Lo sacamos en los cumpleaños. Sin embargo, el plato no me hace especial. Son las personas que me rodean y mi plato los que me hacen especial. Lo mismo es cierto para ti. Aun así, me siento bastante pequeño la mayor parte del tiempo. Cuando vi la valentía de Charlie, él no necesitaba un plato y no era pequeño. Lanzó una sombra de valentía más grande que cualquier defensor trasero de la Liga Nacional de Fútbol Americano (NFL, por sus siglas en inglés).

¿Qué es lo que no crees que puedes hacer? ¿Qué crees que es demasiado grande para ti, demasiado aterrador o demasiado arriesgado? A veces Dios susurra y otras veces lo grita. Sea cual sea el volumen, apuesto a que siempre usa las mismas tres palabras con nosotros:

No. Tengan. Miedo.

Cuando Charlie terminó de dar su testimonio y contestó todas las preguntas y los interrogatorios, se levantó del estrado. Parecía agotado pero inconmovible. Esta era la primera vez desde el ataque que había estado tan cerca de Kabi.

Lo saqué y le comenté lo orgulloso que estaba de él. Lo toqué en la nariz y le dije: «Charlie, fuiste valiente, lleno de valor y no tuviste miedo». Una pequeña sonrisa se dibujó en su rostro.

El juicio tardó el resto de la semana. Poco tiempo después, recibimos el veredicto del juez declarando la culpabilidad de Kabi. En Uganda, una vez que el juez firma el veredicto, la costumbre es tomar el bolígrafo, partirlo y lanzarlo de la mesa. Entonces el juez declara con una finalidad incomparable: «Lo que se ha hecho hoy nunca se deshará». Cuando el juez firmó la orden de Kabi y dijo las palabras, significaba que Kabi nunca volvería a ser visto.

La declaración de la condena de Kabi salió para ser vista por cuarenta y un millones de personas.

La valentía de un niño de alrededor de un metro y medio de altura había cambiado la historia de toda una nación.

Lo habíamos logrado: la primera condena de un hechicero en la historia de Uganda. Seré honesto, aunque estaba triste por la pérdida de Charlie, estaba feliz por el resultado del juicio. Se había hecho justicia y se allanó el camino para una postura más valiente en este tipo de delitos contra los niños.

Pero entonces sucedió algo que no esperaba. Comencé a preguntarme por Kabi.

Cada fibra de mi ser quería que se pudriera en la cárcel, que sería su hogar por el resto de su vida. Yo estaba de acuerdo con eso. Pero mi corazón se sentía en tinieblas cuando pensaba en Kabi. Me sentía lejos de Dios y no me gustaba.

Un día, Jesús estaba hablando con Sus amigos y les explicó cómo quería que viviéramos nuestras vidas. Acercó a Sus amigos y expresó algo que apuesto que los sorprendió. Él no dijo que necesitaban usar palabras más elocuentes en sus oraciones ni ir a la iglesia con más frecuencia, o no masticar tabaco ni bailar. No habló de comportamientos. Él dijo que, si queríamos agradar a Dios, teníamos que amar a nuestros enemigos.

Ya te he comentado que me parece mucho más fácil estar de acuerdo con Jesús que hacer lo que Él dice. El mandato de amar a nuestros enemigos es un buen ejemplo. La verdad es que no quiero amar a mis enemigos. Mis enemigos son espeluznantes. Son malos y poco afectuosos. Son egoístas y llenos de orgullo. Algunos tratan de lastimar a niños pequeños.

Jesús no vino para hacernos lucir como si lo hubiéramos logrado juntos. Él vino a dejarnos saber cómo ser como Él. Estoy a favor de eso, pero ¿amar a mis enemigos incluye a hombres como Kabi? No lo creo.

Sin embargo, aquí es donde me detuve en seco sobre mis pasos. El día que Jesús murió en la cruz, Él fue partido por nosotros, así como la pluma del juez. Era como si Dios estuviera diciendo: «Lo que se ha hecho hoy nunca se deshará».

Pablo fue una de las personas que habló sobre Jesús. Él explicó la gracia de esta manera: dijo que ni la muerte ni la vida, ni los ángeles ni los demonios, ni el presente ni el futuro, ni las potestades, ni lo alto ni lo profundo, ni ninguna otra cosa en toda la creación, podría separarnos jamás del amor de Dios.

Él estaba diciendo que las cosas horribles que hemos hecho no nos separarán de Dios. No te separarán, tampoco me separarán a mí, y tampoco separarán a Kabi. Honestamente, me cuesta creerlo. También puede ser difícil para ti creerlo.

Jesús explicó que la razón por la que Él quería que amáramos a nuestros enemigos era para que pudiéramos ser *perfectos*, así como Su Padre en el cielo es perfecto. ¿Perfecto? ¡Ah! La mayoría de nosotros hemos pasado toda nuestra vida tratando de ser amables parte del tiempo, sin colarnos en las filas y solo llamando a las personas en voz baja. Claro, podríamos darle a alguien un pequeño descanso al decirle algo amable después de que haya sido terrible con nosotros. Tal vez incluso podríamos perdonar a alguien, al menos superficialmente, por una profunda herida que causaron. Esto es lo más que podemos hacer de vez en cuando.

Nuestro problema al seguir a Jesús es que estamos tratando de ser una mejor versión de nosotros, en lugar de un reflejo más preciso de Él. He conocido a muy pocas personas a las que no les agrada Jesús. Quiero decir, ¿a quién no le agrada? Es fácil admirar a Jesús y pensar que es un buen hombre. Sin embargo, hay una gran diferencia entre *apreciar* a Jesús y *ser como* Jesús, y Él dijo que nunca podríamos ser como Él a menos que amáramos a nuestros enemigos.

Nunca me he preguntado si alguien podría ser perfecto. No me refiero a alguien como Jesús, por supuesto, sino a alguien como tú y yo. Ni siquiera he oído hablar de alguien que saltara de la cama por la mañana y dijera que su objetivo para el día era ser *perfecto*. Cuando conocí a mi dulce esposa, María, recuerdo que pensé que era perfecta, pero sabía que en realidad no lo era. Tuve un trabajo una vez que pensé que era perfecto para mí, y era un gran trabajo, pero honestamente, no era perfecto. No creemos que lo perfecto sea posible, así que solo asentimos y estamos de acuerdo en lugar de hacer el trabajo pesado que Jesús mencionó para llegar allí.

La idea de que podemos ser *perfectos* como nuestro Padre en el cielo parece una idea hermosa, pero no algo que podamos lograr en realidad. Me pregunto si Dios pensó que amar a nuestros enemigos sería tan difícil. Quizás en lugar de una tarea imposible en nuestra vida, es la libreta de calificaciones de nuestra fe. Tal vez Dios hizo que amarlo a Él y amar a nuestros enemigos sea la forma más fácil de saber si estamos de acuerdo con Jesús o si queremos ser perfectos como Él.

Sin duda, Kabi era mi enemigo, pero también era mi oportunidad de ser más como Jesús. Y ahora tenía un maestro valiente que solo tenía un metro y medio de altura para guiarme.

CAPÍTULO 21

La habilidad de Randy

Dios restaura lo que creó.

Al otro lado del mundo, un hombre entró a la sala de emergencias de un hospital en Los Ángeles. Había tenido un horrible accidente en su carpintería. Se había cortado su mano derecha por completo, y la llevaba cargada en su mano izquierda. De inmediato, se hicieron llamadas para contactar a uno de los pocos cirujanos que podrían lidiar con una herida tan grande y compleja. Sería el trabajo de un héroe, incluso para los mejores cirujanos del mundo.

Randy llegó, se preparó y comenzó lo que sería una cirugía de dieciocho horas. Con una gran cantidad de instrumentos hemostáticos clasificados, él identificó y enumeró cada uno de los cientos de tendones, venas, arterias y músculos en ambos lados de la herida. Uno por uno, los conectó. Nunca retrocedió por miedo. Nunca perdió la concentración. Hizo el trabajo minucioso, casi imposible, de conectar la mano de este hombre a su cuerpo una vez más. Vi un video de Randy, unos meses después, estrechándole la mano a este carpintero que había recuperado el uso completo de su mano. Solo unos pocos de los mejores cirujanos del mundo podrían haber realizado esta operación. Randy era uno de ellos.

A Randy le encantan los aviones. No hay muchos que no haya volado. Estaba aprendiendo a pilotear un hidroavión DeHavilland Beaver cerca de Seattle. La persona que le enseñaba lo llevó fuera de temporada sobre la frontera de Canadá, hasta una ensenada. Sin saberlo, aterrizaron cerca de mi cabaña y caminaron un poco. Mientras exploraban, el instructor, que es amigo mío, le contó a Randy sobre un niño pequeño en Uganda que había sufrido una lesión masiva con un machete. Supo de un hechicero que había cometido un crimen, un veredicto de culpabilidad y un niño pequeño que estaba horriblemente desfigurado.

Para la mayoría es difícil imaginar la extensión de las lesiones de Charlie. Se había aplicado justicia contra Kabi, pero Charlie no estaba completo. Ni cerca de lo completo. Habría muchos retos por delante para él. Charlie nunca podría ser padre cuando creciera por causa de las partes del cuerpo que había perdido. En algún momento, sus amigos sin duda se enterarían de su desfiguración y también se burlarían de él. Necesitaría una extensa sanidad mental y emocional además de física.

En mi casa en San Diego, el teléfono sonó y yo contesté. La voz del otro lado comentó:

—Bob, no me conoces, pero mi nombre es Randy. Escuché lo que le sucedió al niño en Uganda. Quiero que sepas algo… —hubo una pausa cuando me incliné hacia el teléfono. Podía sentir la seriedad de Randy—. Puedo arreglarlo —exclamó.

Las palabras de Randy se quedaron suspendidas en las ondas radiofónicas.

Fui cortés con este extraño al teléfono, pero pensé: *Amigo, tú no entiendes todo lo que le cortaron. No puedes arreglar eso.* Percibiendo esto, Randy continuó:

—Soy cirujano en el Centro Médico Cedars-Sinai en Los Ángeles. Realmente puedo arreglarlo.

Conduje hasta Los Ángeles y nos reunimos en un restaurante con mi amigo Don. Randy comenzó a dibujar en una servilleta lo que iba a hacer para reemplazar las numerosas partes del cuerpo que Charlie había perdido. Incluso en una servilleta, era demasiada información. Si descubren la servilleta la próxima vez que pase por seguridad en el aeropuerto, iré a prisión.

Randy me explicó cómo tomaría partes de la pierna y el brazo de Charlie y haría algunas partes nuevas, pero había una salvedad. Randy explicó cómo incluso los mejores cirujanos pueden hacer solo hasta un punto. Después de la cirugía, aunque Charlie ya no correría el riesgo de que se burlaran de él porque algo de lo que perdió podría ser reemplazado, aun así, carecería de lo necesario para ser un padre biológico en el futuro. El tipo de restauración necesaria para las partes del cuerpo faltantes estaba por encima de la capacidad médica de cualquier persona.

Dudé después de ver cuán riesgosa sería la cirugía, pero finalmente tuve que preguntar:

—Randy, ¿cuál es el costo de la operación?

Estaba pensando que sería millones. Al instante, Randy levantó la vista y exclamó:

—La haré gratis.

No puedo pagar nada, pensé. Pero tenía que haber alguna trampa, ¿verdad? Si bien Randy podría renunciar a sus honorarios, ¿qué pasaría con las enfermeras, el instrumental y todas esas cosas? Resultó que hay una organización fantástica que ayuda a cubrir los costos de este tipo de operaciones. Al saber que no me sorprenderían con una cuenta desorbitante, compré otro boleto de avión y volví a Uganda para buscar a Charlie en la selva en la parte norte de este país.

Una vez que lo encontré, empacó algunas cosas y nos subimos al auto. Nuestra primera parada fue en el juzgado de la capital. Poco tiempo después, nos presentamos ante un juez de un tribunal superior de Uganda y me convertí en el tutor legal de Charlie. Su padre hacía tiempo que lo había abandonado y no sabíamos dónde encontrarlo. Su madre, una campesina, también se había distanciado de él. No los estoy juzgando por esto; desafortunadamente, es solo un hecho y no es poco común.

Cuando llegamos al aeropuerto, Charlie miraba por la ventana de la terminal sin decir nada. Nunca antes había visto un avión. Traté de explicarle toda la idea de ir por el aire y lo seguro que era, pero no me creyó. Después de un poco de persuasión y unas barras de caramelo, subimos al avión y volamos hasta Londres. Cuando llegamos, estábamos tomados de las manos mientras bajábamos del avión.

Charlie preguntó: —Padre, ¿podemos ir a pie el resto del camino?

Puedo imaginar cómo se debe haber sentido. Le di la mala noticia de que estábamos a punto de volar sobre el Océano Atlántico y el casquete polar. Intenté no asustarlo, pero creo que lo hice de nuevo.

Una vez dentro de la terminal, abrí mi computadora portátil para ver si tenía algún mensaje urgente. En mi bandeja de entrada había un correo electrónico que llamaba la atención. El título era simple: solo decía «Casa Blanca» en el asunto. Tengo muchos amigos a los que les gusta hacer bromas, así que de inmediato recorrí la lista de sospechosos en mi mente. Era una lista larga. El cuerpo del mensaje era breve. Decía: «Nos gustaría conocer a Charlie». Después de un par de llamadas rápidas, confirmé que, increíblemente, la invitación era legítima. Regresamos al avión con nuestra amiga, Darla, y volamos a Washington D. C., donde mi dulce María nos recibió. Este niño, hacía dos días estaba parado en la selva en el norte de Uganda y ahora estaba en el Despacho Oval del presidente Obama.

Charlie se acercó a la pared y apuntó hacia un documento que colgaba en un marco. «¿Qué es esto?», preguntó. Pasamos los siguientes diez minutos hablando de la Proclamación de Emancipación, firmada por Abraham Lincoln. Antes de irnos, Charlie tomó una manzana del tazón sobre la mesa de centro entre dos sofás, y le dio un mordisco. Ya sabes, la mesa que está al lado del emblema del águila en la alfombra. Me incliné hacia Charlie y le susurré: «No ensucies nada».

¿Por qué Dios hace cosas como esta? La respuesta honesta es que no estoy muy seguro, pero tengo una buena suposición. Creo que Él quiere dejarnos alucinados. Hay una carta en la Biblia que Pablo envió a algunos de sus amigos. Estaba tratando de explicar algo similar. Él reconoció que no muchas de las personas a las que les escribía eran sabias, ni poderosas, ni habían nacido en familias famosas. Sin embargo, dijo que Dios usa cosas increíbles, tal como lo sucedido a Charlie, para que dejáramos de pensar que todo se trata de nosotros, y en cambio viéramos cuán poderoso es Dios.

Al día siguiente salimos de Washington D. C., y volamos a Los Ángeles para la cirugía de Charlie. Todo niño que vaya a enfrentar este tipo de operación necesita ir al lugar más feliz del mundo, así que lo llevé a Disneylandia. Conozco a varios de los personajes allí y lo hicieron sentir especial. Campanita es amiga mía y tiene el tamaño de Charlie. Hicimos arreglos para que pasaran un tiempo juntos. Él se mantuvo mirando sus alas y tocándolas con asombro. Ella lo envolvió en sus brazos y le dijo lo valiente que era. Creo que los vi a ambos levantarse un poco del suelo mientras le decía esto.

A la mañana siguiente, le coloqué a Charlie su bata de hospital y lo puse en la camilla para ser llevado al salón de operaciones. Antes de que se lo llevaran, oré por él y por Randy, luego le di un beso en la frente y le dije las palabras que Dios nos ha estado diciendo a cada uno de nosotros desde el principio de los tiempos y desde el comienzo de nuestra vida. Le susurré al oído: «Charlie, no tengas miedo». Al final de la cirugía de ocho horas, Randy había hecho lo que hace mejor que cualquier persona en el mundo. Charlie estaba restaurado.

CAPÍTULO 22

Kabi

Lo que nosotros castigamos,
Dios lo puede perdonar.

En el momento en que Kabi atacó a Charlie, se convirtió en mi enemigo. Él no era un poco malvado; él era pura maldad. Es fácil hablar de amar a tus enemigos hasta que tienes uno. Me di cuenta de que, si quería que sucedieran cosas importantes en mi vida, tendría que dar pasos más grandes y arriesgarme más que antes, así que decidí visitar a Kabi en la prisión.

Él había sido enviado a la Prisión de Máxima Seguridad de Luzira. Luzira es uno de los lugares más aterradores del planeta. Fue construido en 1920 para doscientos presos condenados a muerte. En la actualidad, hay más de tres mil hombres allí. No hay ventanas en la mayoría de sus construcciones. Si eres enviado a Luzira, sabes que vas a morir.

Me puse en contacto con el director de la prisión. Le di mi nombre y le comenté que me gustaría ver a Kabi. Me respondió con un no rotundo. Era una prisión de máxima seguridad y nadie entra para ver a personas como Kabi. Le dije al director que yo era el cónsul honorario de la República de Uganda y, después de una breve pausa, exclamó: «Estás dentro».

Kabi entró en la habitación oscura donde yo esperaba. No tenía zapatos y llevaba un uniforme de prisión roto y sucio. Cuando entró, se arrodilló y me dijo lo mal que se sentía por lo que le había hecho a Charlie. Escéptico, pensé que lo lamentaba solo porque lo habíamos atrapado y castigado. Me contó cómo fue crecer como hijo de un hechicero, y lo que le había hecho la brujería a lo largo de su vida. Luego expresó algo que me sorprendió. Dijo: «Sé que voy a morir aquí. Lo que realmente necesito es perdón».

Sus palabras se suspendieron en el aire.

¿Perdón?

¿Para un hechicero que intentó sacrificar a Charlie?

Mi reacción inmediata fue: por supuesto que no. Intentó matar al niño que amo. Pero algo dentro de mí había empezado a cambiar. El cambio no había sido lo suficientemente rápido; no obstante, estaba sucediendo. No vi a un asesino delante de mí; sentí que estaba mirando a un criminal colgado en una cruz al lado de Jesús. Pensé en las palabras que Jesús le declaró a ese criminal: «Hoy estarás conmigo en el paraíso». Jesús no le hizo un interrogatorio para ver si podía entrar. No le preguntó sobre sus posiciones con respecto a las cuestiones sociales. No le pidió que cambiara de comportamiento ni que primero repitiera una oración. Simplemente le dijo: «Estás dentro». Estar en una habitación oscura al lado del corredor de la muerte está muy lejos del paraíso.

Kabi y yo hablamos un rato sobre su familia y lo que era importante para él. Hablé de mi familia y de lo que era más importante para mí. Hablamos sobre lo que estaba aprendiendo, pero que todavía no había entendido sobre el amor, la gracia y el perdón de Jesús. Entonces, sucedió algo que determinará para siempre mi comprensión de las cosas que Jesús habló. Kabi dijo que quería poner su fe y su vida en los brazos fuertes y bondadosos de Jesús.

Cuando hizo esto, se podría decir que estaba «acudiendo a Cristo», como las personas lo hacen en muchas comunidades de fe. Pero en cierto modo, yo también lo estaba, porque estaba dejando de simplemente estar de acuerdo con Jesús, para hacer lo que comisionó cuando habló de amar a mi enemigo. Lo que Kabi y yo estamos aprendiendo sobre el amor, la gracia y el perdón es que ninguno de nosotros necesita entenderlo a cabalidad para recibirlo.

Me he reunido con Kabi varias veces desde que comenzó su aventura con Jesús dentro de los muros de Luzira. Cuando lo veo, ya no veo un criminal. Veo un hombre tratando de seguir a Jesús al igual que yo. Si bien nuestras experiencias y circunstancias de la vida no podrían ser más diferentes, resulta que muchos de los problemas que tenemos para convertirnos en los hombres que queremos ser son similares.

Después de una de mis reuniones con Kabi fuera de su celda, le pregunté al director si alguien había ido a hablar con los internos sobre lo que Jesús declaró que nuestras vidas podían llegar a ser si lo poníamos a Él en el centro. Al principio me hizo un gesto de rechazo, pero luego, como si yo hubiera hecho un movimiento Jedi, dijo que dejaría que Kabi les hablara.

Un par de viajes más tarde, Kabi y yo nos paramos, tomados de la mano, en el patio de la Prisión de Máxima Seguridad de Luzira con mi hijo Richard y algunos otros amigos. Escuché mientras Kabi contaba a tres mil hombres condenados a muerte sobre la nueva vida que había comenzado con Jesús. Sé lo que muchos de ellos estaban pensando:

Espera, este es Kabi, el hechicero. El hombre malvado.
¿Jesús?

¿Él?

¡Increíble!

Kabi habló durante treinta minutos. Para ser sincero, nunca he escuchado a nadie cortar a tajos el mensaje del evangelio peor que Kabi ese día. Su mensaje fue confuso y vacilante, y apenas había entendido algo correctamente. Cuando terminó, yo mismo me preguntaba si todavía creía en Jesús. Pero aquí está la cuestión: todos los hombres en ese lugar sabían quién era Kabi y lo que había hecho, y unos cuantos sabían que yo era el hombre que lo había puesto allí. El estar parados juntos en el patio, no como enemigos sino como hermanos, completó todas las palabras que Kabi no supo expresar sobre Jesús. Esta es la historia que Jesús vino a relatar en tu vida, en mi vida y en la de Kabi. Dijo que nos convertiría en amor si estábamos dispuestos a dejar atrás lo que solíamos ser.

Cuando Kabi terminó de dar el peor sermón que jamás haya escuchado, cientos de personas comenzaron a caminar hacia nosotros. Kabi tomó una botella de agua en su mano, al igual que algunos de nuestros otros amigos, y comenzó a bautizar a los otros prisioneros. Al principio, pensé: *¡Espera, no puedes hacer eso, Kabi! Apenas conoces algo de tu fe, no conoces casi nada de la doctrina y, además, eres un asesino.* Pero mientras repasaba todas las razones por las que no podía hacerlo, Kabi seguía echando agua sobre las cabezas de estos hombres, invitándolos a comenzar la aventura de convertirse en amor. En ese momento entendí que, quizás Kabi sabe más sobre Jesús y sobre el perdón que la mayoría de nosotros.

¿Era así como debía suceder? Sí y no, supongo. Kabi había sido responsable de un dolor inimaginable en la vida de otras personas y había experimentado una pérdida tremenda en sí mismo. Él no es un hombre que vive cómodo como yo. Él es un hombre que está lo suficientemente desesperado por Jesús como para estar dispuesto a hacer grandes cambios en su vida. ¿Tiene el conocimiento? No.

Jesús eligió a pescadores que rara vez echaban sus redes hacia el lado correcto del bote. Según todos los relatos, incluso después de haber estado con Jesús durante tres años, todavía no entendían a cabalidad quién era Él. Eran imperfectos, llenos de errores y habían fallado, a veces en grande. Me recordaron una vez más que la gracia nunca parece justa, hasta que la necesitas.

Es difícil ignorar que la mayoría de las personas que hablan desde el frente son como yo, que parecen ser muy agradables y se saben relacionar. Nos hacen sentir cómodos. Sin embargo, las personas que Jesús usó con más frecuencia eran las que habían fracasado y estaban desesperadas como Kabi.

Cuando Kabi terminó de bautizar a los presos del corredor de la muerte, se volvió y caminó deliberadamente hacia mí. Cuando llegó a donde estaba, tomó mis manos. Me miró a los ojos y me dijo con voz fuerte y amable: «Bob, te perdono».

Espera, ¿qué? Esto me tomó por sorpresa.

¡Un momento, tú eres el malo! No puedes perdonarme, estaba pensando. *Eres el convicto. Eres el que se equivocó, el que falló, el que lastimó a la gente, el que causó un tremendo dolor. No sabes nada de lo que sé sobre Jesús. Acabo de escucharte decir un montón de cosas sobre Jesús que ni siquiera eran correctas.*

Pero entonces, me di cuenta de lo que estaba sucediendo. Acabábamos de leer juntos lo que Jesús les declaró a Sus amigos sobre amar a nuestros enemigos. Kabi sabía que, si yo era *su* enemigo, él no podría ser *perfecto* como su Padre celestial, y lo deseaba tanto que decidió hacer algo al respecto.

En ese momento, parado en el patio de la prisión, no vi a un hechicero al que ayudé a condenar. Vi a Jesús, parado descalzo en la ropa de Kabi. Vi a un hombre que se estaba convirtiendo en amor.

CAPÍTULO 23

¿A dónde quieres ir?

El gran amor nos lleva a lugares altos.

Cada uno de mis hijos fueron a una aventura con papá cuando cumplieron diez años. En cada caso, siempre comenzó con la pregunta: «¿A dónde quieres ir?». Esta interrogante no tenía la intención de averiguar: *¿Qué quieres ver?* Era más importante que eso, más cargada de posibilidades. «¿A dónde quieres ir?» en realidad significaba: «¿En quién te estás convirtiendo, y a dónde podemos ir para ayudarte a acercarte a eso?». Lindsey, nuestra hija mayor, eligió Londres para tomar el té, porque se parece a Mary Poppins y está llena de valentía. Richard eligió escalar el Half Dome porque nunca retrocede ante un buen desafío. Adam eligió cruzar el desierto en motocicletas todo terreno porque, ya en esa época, era un chico que amaba la aventura.

¿Adivina quién cumplió diez años? ¡Charlie!

Me sentí como si tuviera diez años otra vez cuando me puse de rodillas y le pregunté con mi voz más entusiasta:

—Charlie, ¿a dónde quieres ir?

Sin perder un instante gritó: —¡Monte Kilimanjaro!

No esperaba eso en absoluto. Le pregunté si preferiría volver a Disneylandia o al Sea World [Mundo marino], o tal vez podríamos ir a uno de esos gimnasios para escalar en interiores. De ninguna manera. Estaba decidido. Quería escalar la montaña más alta de África. Creo que es porque deseaba probarse a sí mismo que podía subir cualquier cosa. Unos meses más tarde, conseguí ropa de alpinismo y dos boletos de avión, y nos dirigimos a Tanzania.

Cuando llegamos al pie del monte Kilimanjaro, alguien señaló hacia la cima de la montaña cubierta de nubes y preguntó: «¿No luce increíble?». Lo miré y solo sacudí la cabeza. Sentí que quería vomitar. La montaña mide 19 341 pies (más de 5.800 metros) de altura, y estábamos al pie de ella. En realidad, estaba parado en una zanja en ese momento, por lo que eso la hacía noventa centímetros más alta. Pregunté para averiguar cómo la montaña recibió su nombre. Pensé que había una razón por la que la palabra inglesa *kill* [matar] estaba incluida en el nombre. Debido a que es la montaña más alta de África y está cubierta de nieve en la cima, resulta que las personas a veces mueren tratando de escalarla.

Charlie, unos amigos y yo comenzamos a escalar la montaña detrás de nuestro guía. La gente me ha preguntado cómo eran los paisajes al subir el Kilimanjaro. Les he dicho que no sé. Todo el camino, solo mantuve mis ojos fijos en las botas del guía y nunca miré hacia arriba. En ocasiones pasaba por encima de una roca cuando yo hubiese preferido darle la vuelta; pero si él la saltaba, yo la saltaba. Otras veces bordeaba una roca que yo hubiera preferido saltar; pero si él la bordeaba, yo también. Esto es lo que aprendí: cuando tienes un guía en el que puedes confiar, no tienes que preocuparte por el camino en el que te encuentras. Es la misma lección que he estado aprendiendo de Jesús. Solo trato de seguir la guía del amor.

Caminamos cuarenta millas (sesenta kilómetros) hasta la cima de la montaña y luego bajamos, y el guía nunca tropezó, ni una sola vez. En cambio, yo parecía tropezar cada tres o cuatro pasos. ¿Y sabes lo que sucedía cada vez que tropezaba? Chocaba con el guía una y otra vez. Aunque sucedió con frecuencia, el guía nunca se volteó, ni me miró con el rabillo del ojo, ni me dijo que recuperara el equilibrio. Él solo sabía que lo estaba siguiendo de cerca. Creo que Jesús siente lo mismo por nosotros. Todos vamos a tropezar al tratar de seguirlo a través del difícil terreno de nuestras vidas. Sin embargo, cuando eso suceda, nos encontraremos con Él una y otra vez. Seguir a Jesús significa escalar, tropezar, quitarnos el polvo y escalar un poco más. La fe no es un viaje de negocios mientras caminamos sobre una acera; es una aventura que se desarrolla en un sendero empinado y a veces difícil.

Tenía mucha prisa cuando comenzamos a escalar el Kilimanjaro. Era una mezcla de miedo, emoción y la agitación por haberme devorado media docena de barras de chocolate Hershey. También necesitaba un baño. El guía sacudía la cabeza cuando yo saltaba sobre las rocas y brincaba sobre los troncos. Cada pocos minutos me decía: «Bob. *Pole, pole*». Le pregunté qué significaba esto. En suajili, *pole, pole* significa «despacio, despacio».

No puedo mentir; para un hombre que hace todo rápido, es un consejo difícil de recibir y aún más difícil de seguir. Sin embargo, al final del primer día, mientras estaba acostado en mi tienda, adolorido, golpeado y con cada músculo ardiendo, sabía por qué el guía había estado diciendo: «*Pole, pole*». Es difícil caminar con Jesús y correr delante de Él al mismo tiempo. Sin embargo, he estado haciendo eso toda mi vida. He malinterpretado la lentitud como falta de entusiasmo y la rapidez como alegría. He confundido la paciencia como falta de voluntad y la actividad como propósito.

Lo que aprendí de nuestro guía es que podía correr rápido o llegar a la cima de la montaña, pero no podía hacer ambas cosas. Necesitamos decidir lo mismo en nuestra fe. Es fácil confundir la actividad con el progreso y los logros con agradar a Jesús. Todos los días decidimos si realmente seguimos a Jesús o lo tratamos como a un simple ayudante que lleva nuestras cosas.

Tomó cinco días, pero llegué a la cima del Kilimanjaro. Mi primer pensamiento en la cumbre fue *¿dónde está el aire?* mientras me sujetaba la garganta. El pequeño y valiente Charlie llegó a 16 400 pies (4.900 metros). Esta iba a ser su cumbre personal. Para que tengan una idea, esto es más alto que la cima del monte Rainier en América del Norte. Eso es bastante bueno para un niño de 4 pies (un metro y veinte centímetros) de altura que acababa de pasar por una gran cirugía. Antes de que Charlie bajara la montaña con uno de los guías, tuvimos una ceremonia. Había llevado conmigo quince medallas y comencé a colocarlas en la chaqueta de Charlie. Le dije: «Charlie, eres valiente», y le puse la primera medalla. Le dije: «Charlie, eres audaz», y le coloqué la segunda. Medalla tras medalla colgaba en su pecho mientras le decía palabras de verdad, de aliento y de amor. Cuando le puse la última medalla, le dije: «¡Charlie, eres un alpinista!» y le di un abrazo. Se parecía a Colin Powell cuando salió de súbito de esa montaña.

La parte más importante de nuestra ceremonia no fue lo que dije ni todas las medallas. Fue lo que *no* dije. Verás, no le dije a Charlie qué tan lejos tenía que ir. Le dije: «Charlie, mira lo lejos que has llegado». Las personas que se están convirtiendo en amor celebran lo lejos que han llegado aquellos que los rodean. Constantemente hacen la pregunta: «¿A dónde quieres ir?». Luego, ayudan a las personas que los rodean a llegar allí.

Ve y haz eso con las personas que amas, incluidos tus enemigos. No hables con ellos de sus fracasos y los lugares oscuros en los que han estado. Háblales sobre en quién se están convirtiendo y sobre la brillante esperanza que será su futuro. Diles palabras de verdad y de sabiduría. Lleva algunas medallas también. Cuando pongas la última en su pecho, míralos a los ojos y diles: «Mira qué tan lejos has llegado». Al saber que el viaje en el que tú y yo nos encontramos nunca termina, podemos hacerles a las personas que amamos una de las preguntas más importantes alguna vez concebidas.

«¿A dónde quieres ir?».

CAPÍTULO 24

El día de la graduación

El amor siempre se multiplica.

Desde el juicio contra Kabi, me he estado reuniendo con hechiceros. Mi nuera, Ashley, quien también es abogada, se subió a un automóvil con una amiga y viajó por todo el país para educar a los jueces de los tribunales superiores de Uganda sobre cuál es la ley y cómo llevar estos casos a juicio. Ahora, cuando voy a Uganda, envío un mensaje a través de la radio de la selva en el norte, diciendo que el cónsul honorario de Uganda ha llegado, y que se les exige a todos los hechiceros que se reúnan conmigo en la cabaña del rey. Por supuesto, a ellos no se les exige que vayan, pero soy abogado y les hago creer que sí. Lo interesante es esto: ellos van. Cientos y cientos de ellos. Me he reunido con casi mil hechiceros hasta ahora. Algunos son bastante espeluznantes. Varios han llevado muñequitos que se parecen a mí, y los perforan con alfileres mientras hablo. Supongo que es algo similar a ser pastor en algunas iglesias; pero no les tememos a estos hombres. No tienen ningún poder en comparación con el poder del amor.

Antes de reunirme con los hechiceros en la cabaña del rey, salgo a la selva y acondiciono una operación encubierta. Tengo una cámara que parece un reloj y otra que parece un bolígrafo. Voy a un pueblo, haciéndome pasar por un rico hombre de negocios de Kampala, y le pregunto al hechicero local si me ayudaría a encontrar un niño para un sacrificio si lo necesitara. Lamentablemente, sin excepción, ofrecen encontrarlo por treinta dólares.

Más tarde, cuando me reúno con todos los hechiceros en la cabaña del rey, les muestro el video de la operación encubierta y les digo: «¿Ven a este hombre? Él está casi muerto. Si tan solo hablan de sacrificar a un niño, también se acabó para ustedes». Trato de aterrorizarlos por completo. Por la apariencia de sus grandes ojos y su lenguaje corporal, casi siempre funciona.

Ya que estoy aprendiendo a amar a mis enemigos, no me detengo ahí. Las personas que se están convirtiendo en amor no solo usan palabras duras; hacen cosas difíciles. Entonces, después de asustar a los hechiceros, me arrodillo y les lavo los pies. Al hacer esto, no sé quién está más asustado, ellos o yo. Supongo que yo, porque no soy un hombre al que le gusta lavar los dedos. Aquí está la cuestión: amar a las personas de la manera en que Jesús lo hizo, o cambia todo en nosotros o no cambia nada. No puede cambiar solo algunas cosas. Pero, puede cambiar un par de cosas a la vez. Si quieres convertirte en amor, ¿qué cambiará para ti?

Todos estamos aprendiendo a amar a nuestros enemigos. Dibuja un círculo a tu alrededor y ama a las personas en ese círculo. Llénalo de personas difíciles, aquellas que has estado evitando, con las que no estás de acuerdo, con las que es difícil llevarse bien. Ve y busca a unos cuantos hechiceros.

Ahora, cuando me reúno con los hechiceros llevo a mis amigos. Honestamente, es quedarse alucinados. Gregg ha sido mi amigo durante años, y hemos viajado juntos a Uganda docenas de veces. Después de lavar los pies a uno de los hechiceros, este se arrodilló y le preguntó a Gregg si podía lavarle *sus* pies. Vi esto desde el otro extremo de la habitación. Fue un momento hermoso, conmovedor para todos. El hechicero estaba tan impresionado como Gregg con lo que estaba sucediendo. Creo que esto es exactamente a lo que Jesús se refería cuando dijo que necesitábamos amar a nuestros enemigos. Jesús dijo que estar bien con Él significaba amar a las personas que se habían equivocado.

En un viaje, antes de partir, le pregunté al nuevo líder de los hechiceros qué necesitaban. Me sorprendió la respuesta. Él respondió: «La gente cree que tenemos poder, así que nos quieren cerca, pero en realidad no nos quieren, así que estamos muy solos». Le dije que soy abogado y que sé exactamente cómo se siente.

«Pero la mayoría de nosotros ni siquiera sabemos leer o escribir», continuó. Amar a tus enemigos no solo significa aprender de ellos, ser amable o tolerarlos. Significa ayudarlos.

Así que inicié una escuela para hechiceros.

Lo sé, lo sé, lo sé. No te asustes. A veces me pregunto si esto es una locura, pero luego veo lo que ha estado sucediendo en la vida de ellos y entonces me convenzo. No les enseñamos a ser hechiceros. Ellos ya saben cómo hacer eso. En nuestra escuela les enseñamos a leer y a escribir. Tenemos cientos de hechiceros actualmente inscritos en la escuela y hemos graduado cientos más. Escucha esto: los únicos libros que tenemos en la escuela de hechiceros para enseñarles a leer son la Biblia y *El amor hace*. Si has leído alguno de estos, has estado leyendo sus libros de texto.

Hombres malos acostumbrados a sacrificar niños ahora están aprendiendo su abecedario. Y ¿sabes qué? Las cosas están cambiando, y no solo para ellos. Uno de los cambios más grandes ha sido en mi propio corazón: estoy aprendiendo a amar a estas personas que solían ser mis enemigos. Estoy avanzando más allá de solo estar de acuerdo con Jesús para hacer en realidad lo que Él dijo que hiciera. Que se sepa la verdad, es probable que mi vida esté cambiando tanto como la de ellos.

He visto cambios en las vidas de los hechiceros a medida que experimentan el tipo de amor y aceptación del que Jesús habló. Nuestros amigos ugandeses que temen a los hechiceros creen que estamos locos. Nosotros también. Amar a las personas de la manera en que Jesús lo hizo significa ser mal entendido constantemente. A las personas que se están convirtiendo en amor no les importa. Harán lo que sea necesario para llegar a los que sufren.

Hace poco graduamos nuestro tercer grupo de la escuela de hechiceros. La mayoría de estos hechiceros tienen más alegría que dientes. De manera increíble, logramos que el gobierno reconozca sus logros. Ahora, el día de su graduación, reciben certificados de alfabetización emitidos por la República de Uganda. ¿Quién podría haber imaginado que esto sería posible? La respuesta es sencilla: Jesús lo hizo. Amar a nuestros enemigos siempre ha sido Su idea, no la nuestra. Las personas que nos asustan no son obstáculos para tener fe; son oportunidades para entenderla.

Nuestras ceremonias de graduación son diferentes a lo que puedas imaginar. No hay muestra pública de afecto en Uganda. Sin embargo, a medida que les entrego los diplomas a los hechiceros, sostengo sus rostros entre mis manos y los beso en la frente. (Quiero ser la primera persona en besar a cada uno de estos hechiceros). Miro algunos ojos bastante espeluznantes y les digo en quién se están convirtiendo y hasta dónde han llegado como líderes en sus aldeas y comunidades. Luego, mientras coloco una medalla en su traje de graduación, les susurro a cada uno, solo lo suficiente alto como para que escuchen: «No me hagas matarte». No están seguros si bromeo o no. Estoy bien con esa tensión. Le podemos decir la verdad al poder.

Les recuerdo las consecuencias que tendrán si se involucran en sacrificios humanos. Les dejo saber que habrá un juicio, y después de que sean condenados, nunca más serán vistos. No hay amor sin justicia, pero no hay justicia sin amor. No creo que debamos decirles a las personas qué deben cambiar en sus vidas a menos que estemos dispuestos a cambiar algunas cosas en la nuestra. Para mí, esto significa dejar a un lado mi orgullo, lavar los pies y tratar a mis enemigos con el tipo de amor desinteresado del que Jesús no solo habló, sino que demostró.

Hace poco recibí una llamada a medianoche. Hacía frío cuando sonó el teléfono. La llamada era de dos hechiceros de la escuela.

Dijeron: —Un nuevo hechicero en el pueblo secuestró a un niño pequeño. Lo llevó a la selva para un sacrificio infantil, pero sabemos dónde está —hubo una pausa. Luego, los dos preguntaron—: ¿Debemos ir a buscarlo?

Ya en ese momento, yo estaba de pie encima de la cama, en calzoncillos, gritando: —¡Vayan por el niño!

Cuatro horas más tarde, recibí un breve mensaje de texto de estos dos hechiceros que solían cometer errores impensables, pero que ahora han experimentado el poder del amor, la aceptación y la gracia en nuestra escuela. Este es el mensaje que recibí:

«Hemos rescatado al niño».

«Está con su madre».

Y un momento después, recibí un mensaje de texto que solo decía:

«El amor hace».

Perdí mi compostura.

Tal vez pensaste que solo estabas llegando al final de un libro. ¿Qué sucedería si te dijera que esto fue en realidad una actuación y que todas las personas que conoces han estado llamando y pidiéndome que te comunique algunas noticias: ¿ya no puedes seguir siendo la persona que has sido? ¿Qué vas a soltar en tu vida? ¿A quién no logras comprender? ¿A quién no entiendes? ¿Con quién has estado jugando a lo seguro, y has mantenido educadamente tu distancia? ¿Quién ha sido malvado, rudo, grosero o te asusta? No les digas todo tu criterio; dales todo tu amor. Sé que es difícil para ti. También lo es para mí. Pero estoy aprendiendo que tengo que seguir el ejemplo de Jesús y seguir Su guía si voy a seguir Sus pasos. Incluso cuando sentimos que no podemos reunir la fuerza y la humildad para amar a nuestros enemigos, la verdad es que sí podemos.

Si haces esto, puedo prometer que sucederán dos cosas. Primero, será desastroso. A veces *horriblemente* desastroso. También serás mal comprendido, tal vez ni siquiera te entiendas a ti mismo. Lo segundo es igualmente cierto: crecerás. Y las personas que están creciendo tropiezan hacia adelante y chocan con Jesús una y otra vez.

Obedecer a Jesús cuando se trata de amar a las personas difíciles es duro. Aún estoy trabajando en ello. Estoy seguro de que tomará el resto de mi vida. Sin embargo, el trabajo pesado vale la pena. Las dificultades y los contratiempos nos darán la oportunidad de volver atrás o inclinarnos hacia adelante una vez más. Estoy convencido de que el cielo nos está observando, y sabe muy bien que todo lo que quedará en pie al final es nuestro amor. Apuesto a que nuestros cónyuges, hijos y amigos también están observando.

Si quieres convertirte en amor, deja de solo estar de acuerdo con Jesús. Ve y llama a algunos ahora mismo. Levántalos en las formas en que no pueden levantarse a sí mismos. Envíales un mensaje de texto y exprésales que lo sientes. Sé que no se lo merecen. Tú tampoco lo merecías. No pongas un dedo en el agua con tu amor; agárrate las rodillas y haz una bala de cañón. Pasa de los graderios al campo de juego y nunca volverás a ser el mismo.

No solo ames a las personas que son fáciles de amar; ve y ama a los difíciles. Si haces esto, Jesús dijo que avanzarías en tu viaje hacia ser más como Él. Importante también, mientras practicas amar a todos, siempre, lo que sucederá en el camino es que ya no serás quien solías ser. Dios te convertirá en amor.

EPÍLOGO

Ha sido un año ocupado. Enfermé de malaria en un viaje a Uganda y casi muero. Pude haberlo evitado con una pastilla de cinco centavos y medio vaso de agua. Es probable que puedas evitar lo que ha estado matando tu gozo con la misma facilidad.

La cabaña que nos tomó veintidós años construir se quemó por completo, junto con todo lo que amábamos dentro de ella. Nos recordamos mutuamente que estamos tristes, pero no sin solución. Los recuerdos no son inflamables.

Carol sigue en el cielo. No veo béisbol, pero a ella le encantaba el equipo Medias Rojas de Boston. Le dije, antes de irse a casa, que yo usaría su sombrero de los Medias Rojas y los representaría aquí, siempre que ella le mencionara mi nombre a Jesús cuando pasara. Espero que esté cumpliendo su parte del trato.

El conductor de limusina se jubiló y probablemente encontró una buena oferta de una camioneta amarilla usada.

Lex todavía está saltando a lo grande. Ganó medalla de plata en los Juegos Paralímpicos de Río de Janeiro y medalla de oro en los Campeonatos Paralímpicos de Londres. Adam y yo seguimos saltando en paracaídas, pero él va más a menudo que yo. Lex está planeando tomar clases y pronto saltará con nosotros. Lo sé. También pensé que era una mala idea. El último, el mejor.

Volví al museo de cera y lo habían convertido en un caluroso estudio de yoga. No, no lo hicieron, por supuesto, pero pensé que sería una buena broma decirles que lo hicieron.

Todavía voy a la pizzería, pero ahora por la comida, no por los boletos.

Aún toco el piano y coloco muchas notas falsas, pero mis amigos se mantienen marcando el ritmo con los pies como si todo estuviera perfecto.

No he recuperado mi vista del todo, pero continúo viendo más cada día. Llegué a conocer al nuevo hombre de la TSA que asumió el puesto de Adrián, y Karl se está retirando de la oficina del fiscal general después de veinte años de transformar su fe en amor.

No me han invitado más a la Casa Blanca, pero eso está bien.

Walter continúa dando la bienvenida a los refugiados de las Naciones Unidas en el aeropuerto con su sonrisa. Todavía recibo una docena de llamadas a la semana desde las cárceles y tengo una gran cantidad de calcetines de prisión por si necesitas un par.

Aún llevo mi balde cuando lo necesito, que es la mayor parte del tiempo. No he estado en ninguna otra lluvia de cultivos, pero la próxima vez que vaya a una llenaré mi balde de cocodrilos y soltaré algunos en la habitación para ver qué tan rápido nuestra iglesia puede subirse en las mesas.

Todavía nos reunimos con hechiceros y los matriculamos en nuestras escuelas. La hija del jefe de los hechiceros se inscribió en nuestra escuela secundaria. Las conferencias de padres y maestros ahora son mucho más interesantes. Ah, ¿y las huellas dactilares en la portada de este libro? Reuní a los hechiceros en nuestra escuela en Gulu, y la mayoría de las huellas dactilares son suyas.

Una de las niñas en nuestra casa de refugio en Uganda acaba de comenzar la facultad de derecho. Ella es nuestra cuarta estudiante de Love Does [El amor hace] que está en camino a convertirse en abogada. No quieren practicar la ley; quieren hacer justicia. Hay una gran diferencia entre ambas cosas.

Kabi se enfermó y murió de forma inadvertida. Espero que no seamos compañeros de cuarto cuando yo llegue al cielo. De cualquier manera, ya que encontró el camino a los pies de Jesús, espero pasar mucho tiempo con él, pero todavía me cuesta entender que se ha ido.

Sigo preguntándole a Charlie a dónde quiere ir, y afortunadamente no ha vuelto a mencionar el monte Kilimanjaro. Recibimos algunas noticias que aún estoy tratando de asimilar. Hace poco le hicieron una radiografía, y por lo que descubrieron, resulta que es muy probable que algún día pueda ser padre. No lo entiendo, y tampoco ninguno de los cirujanos que lo operaron. Pronto le harán otra cirugía de restauración. Es una locura.

Una cosa ha permanecido igual. Cada vez que me pregunto a quién debo amar y por cuánto tiempo debo hacerlo, Dios me sigue susurrando: *A todos, siempre.*

Nos vemos en la isla Tom Sawyer.

Bob

AGRADECIMIENTOS

De niño, una de mis historias favoritas era la de la sopa de piedra. ¿La recuerdas? Los viajeros de una larga travesía se detienen en una aldea. No tienen más que hambre en sus vientres y una buena idea. No era solo hambre de comida lo que tenían, era un deseo de crear comunidad. ¿Qué pasaría si todas las personas tan diferentes que viven allí pudieran comer juntas? Al principio, algunos rechazaron su idea. Creo que sé por qué. Tal vez algunas personas en la aldea habían crecido pensando que la comida escaseaba y que debían ahorrar lo que tenían. *¿Cómo se podría alimentar a todo el mundo?* Otros pueden haber tenido desacuerdos con algunos de los aldeanos en el pasado o no entendían por qué todos debían ser invitados. *¿No podemos solo invitar a los populares o a las personas con las que es fácil relacionarse? Sean prácticos. ¿Cómo podríamos sentarnos todos juntos en la misma mesa? ¿No habría discusiones?* Otros, me imagino, casi se habían vuelto locos más de una vez cuando intentaron servir una gran comida. O tal vez, cuando lo intentaron en el pasado, nadie apareció, entonces, ¿por qué intentarlo de nuevo? O quizás, en lugar de una buena comida, la gente pensó que se verían presionados a comprar un lugar compartido en un complejo turístico en ruinas.

Sin tener en cuenta las voces que no estaban de acuerdo con ellos, y sin desanimarse por todas las razones para no intentarlo,

223

estos viajeros pusieron una olla al fuego en el centro de la aldea. Invitaron a todo el que creía en la idea, a que echara unas zanahorias, un poco de apio, cebollas, lo que pudieran ofrecer. Al final, todos fueron alimentados, pero ese día recibieron mucho más que comida; se tuvieron los unos a los otros.

Escribir este libro ha sido una fiesta, y hubo muchas personas que han echado en la olla lo que tenían. No vinieron con rábanos y tomates; vinieron con amor. *Le Cordon Bleu* [El Cordón Azul] no podría haber puesto una mesa más hermosa. Estas páginas contienen las historias de algunos de mis amigos y lo que me han enseñado sobre el amor y la aceptación sin reservas. Estoy en deuda con cada uno. Lo primero que aprendí de ellos es que tengo un largo camino por recorrer para ser el tipo de persona amorosa que espero ser algún día. Lo segundo es que solo el tipo de amor y aceptación radical que he experimentado de ellos me ayudará a reducir la distancia. Es probable que esto sea cierto para muchos de nosotros.

Hubo muchos cocineros en la cocina. Mi amada María Goff, sigues siendo uno de mis mejores maestros. Me has ayudado a voltear ideas como si fueran panqueques. La mayor parte de lo que he entendido correctamente con respecto a amar a las personas se debe a que te he visto hacerlo con las personas a tu alrededor.

Nuestros hijos y sus esposas han sido mis maestros también. Lindsey, Jon, Richard, Ashley, Adam, gracias por permitirme ser su estudiante. Ustedes han trabajado incansablemente para ayudarme en todos los aspectos de mi vida y, lo más importante, me han mostrado una forma de vida mejor y más hermosa de lo que podría haberme imaginado.

Mi familia y más que algunos amigos también han leído estas líneas muchas veces y me ayudaron a vivir las mejores partes de ellas. Cuando me equivoqué, no me regañaron; me amaron y me señalaron hacia una mejor versión de mí mismo. No solo me ayudaron con la puntuación. También me recordaron mi propósito, que es amar a todos, no solo a aquellos con los que es fácil ser amable. A mis ocho personas. Ustedes saben quiénes son. Gracias por estar más cerca que los amigos y por mantenerme cerca. Han vertido cantidades irrazonables de amor en mi vida.

Bryan Norman, has sido amigo y confidente. Gracias por ayudarme a determinar qué palabras dejar y cuáles echar en la papelera. A los muchos chefs de Grupo Nelson: Brian Hampton, Webster Younce, Janene MacIvor, Jeff James, Karen Jackson, Tiffany Sawyer y el equipo, gracias por ser infinitamente pacientes conmigo mientras reunía los ingredientes que necesitaría para preparar la sopa. Ha sido un privilegio poco común tener la oportunidad de escribir otro libro con ustedes. A la gran cantidad de nuevos amigos que he conocido en escuelas y ciudades en los últimos años, gracias por hacerme sentir bienvenido y por dejarme escuchar sus historias. Han cambiado la forma en que experimento mi fe y veo el mundo. La manera en que han amado a la gente me recuerda la forma en que Jesús lo hizo.

Al equipo de personas que me ayudan cada día a llegar donde se supone que debo estar y tener algo que decir cuando llego allí, gracias. Dae, Becky, Haley, Tatave y Jordan, nos conducen con amor, confianza y amabilidad. También quiero agradecer a mi amiga y consejera de confianza, Jody Luke. Has traído camiones llenos de claridad y ánimo para todos nosotros, pero sobre todo a mí.

A la tripulación valiente y trabajadora de Love Does [El amor hace], el largo desfile de amigos que hacen posible el trabajo en todo el mundo, y para los más de cien maestros y miles de niños en nuestras escuelas, sigan siendo valientes, audaces y firmes en su amor por las personas que no son como ustedes. No se rindan a la presión de ser como los demás; sean como Jesús. No se han echado atrás, ya que han luchado por un futuro mejor para ustedes mismos. Sigan luchando por las personas que aún no se sienten incluidas, incluso si los asustan. Ellos son sus hermanos y hermanas. Invítenlos a la fiesta. Si dicen que no, es solo porque están asustados; invítenlos otra vez.

Finalmente, papá, gracias por ser mi amigo y vecino. Te amo.

Dios no nos da una receta para vivir en comunidad, pero nos da excelentes ingredientes: nos da a todos, siempre. Si vamos a hacerlo bien, necesitaremos a *todos* para lograrlo. Tampoco se hará en un día o dos. Se necesitará un por *siempre*.

SOBRE EL AUTOR

Bob es el voluntario con más años de servicio en Love Does [El amor hace] y es su principal inflador de globos. Se llama a sí mismo un «abogado en recuperación» porque, después de ejercer la abogacía durante casi treinta años, entró en su propio bufete de abogados y renunció para vivir animando a las personas a tiempo completo. Bob se siente impulsado por el deseo de amar a la gente y de motivar a otros a hacer lo mismo. En la actualidad, lo puedes encontrar en un aeropuerto de camino para relacionarse con las personas y alentarlas o, lo que es más probable, de regreso a casa para cenar con su amada María.

Hace unos años, Bob escribió un libro llamado *El amor hace*. Dio todas las ganancias del libro para ayudar a cambiar la vida de los niños en países donde los conflictos armados los habían dejado vulnerables. En la actualidad, Love Does es una organización dedicada a ayudar a los niños en estas regiones, incluyendo Irak, Somalia, Uganda, Nepal e India. Puedes encontrar más información sobre esta organización en www.LoveDoes.org.

PONTE EN CONTACTO CON BOB

La pasión de Bob son las personas. Le encantaría saber de ti si deseas enviarle un correo electrónico a info@bobgoff.com. También puedes seguirlo en Instagram y Twitter @bobgoff. Aquí está su número de teléfono celular en EE. UU. si deseas llamarlo: (619) 985-4747.

Bob está también disponible para inspirar y entablar una conversación con tu equipo, organización o audiencia. Hasta la fecha, ha hablado a más de un millón de personas, llevando consigo su perspectiva única y su emocionante narración. También organiza seminarios llamados Dream Big [Soñar en grande]. Si estás interesado en que Bob vaya a tu evento, visita bobgoff.com/speaking.